NATUR
PUNKT

Naturpunkt-Fachbeirat

Verlag und Autor danken den folgenden Institutionen für ihre finanzielle Unterstützung:

Kanton Luzern (Erziehungs- und Kulturdepartement)

Kanton Uri (Amt für Kultur, Erziehungsdirektion)

Kanton Obwalden (Fachstelle für Kulturförderung)

Kanton Schwyz (Erziehungsdepartement)

Stiftung für Volkskundeforschung in der Schweiz

Die Deutsche Bibliothek – CIP-Einheitsaufnahme

Bachmann, Thomas:
Sagenhaftes Wandern : zwölf Ausflüge in die Gegenwart der Urschweizer Sagenwelt / Thomas Bachmann. Mit Fotos von Ueli Wittwer. - 1. Aufl. - Zürich : Rotpunkt-Verl., 1997
(Naturpunkt)
ISBN 3-85869-202-6

Gestaltung: Agnès Laube, Markus Kaufmann
Umschlag: Markus Kaufmann
Layout und Produktion: Alfons Wirth
Karten: Guido Köhler
Lektorat: Silvia Ferrari
Korrektorat: Nina Seiler
Druck: Druckerei Appl, Wemding

ISBN 3-85869-202-6

Inhaltsverzeichnis

VORWORT

Wandern in der Innerschweiz: Am Anfang steht das Familienfoto auf dem Grossen Mythen – der Vater in Knickerbockern, die Mutter mit zerzausten Dauerwellen und der Jüngste mit der »Teeguttere« in der Hand. Mit sechs Jahren die Ferien bei Verwandten in Illgau. Ich war überzeugt, es heisse »Muetital«, weil »mis Mueti« aus diesem Tal stammt. Wir wanderten über Weiden auf die Holzegg: ich genoss das Gefühl, barfuss in diese braunen und wunderlich warmen Fladen hineinzustehen, das Saften zwischen den Zehen – bis es eine schellte. – Mit zwölf Jahren führten mich meine älteren Brüder auf den Uri-Rotstock, und am Abend hörten wir den Betruf über dem Isenthal, danach die Frauenwitze in der Alphütte, und der Senn lachte, meine Brüder lachten, ich lachte auch, weil meine Brüder lachten. – Mit Freunden stand ich

Jahre später auf dem Bristenstock, wanderte durchs Unteralptal, tourte mit Skiern auf die Schrattenfluh, den Rotsandnollen, aufs Schärhorn und wie sie alle heissen.

Ein lautes Verkehrsland ist diese Innerschweiz seither geworden, vielerorts schier unerträglich verbaut – und abseits der Transitrouten trotzdem eine einmalige Erlebnislandschaft geblieben. Geblieben sind auch, trotz Internet und Satellitenschüsseln, die tausend Geschichtchen überall, das Gemunkel und die Legenden in einer beseelten Umgebung.

Nach über dreissig Jahren bin ich wieder auf dem Mythen. Der Wildspitz, die Windgällen und die Silberen sind in Sicht, der »schwarze Vogel«, das »Sennentunschi« und der »Teufel« liegen mir im Sinn, und alles bräuchte nur noch zusammengefügt zu werden zu einem handlichen Ganzen – zu einem »Sagenhaften Wandern«.

So gedacht, so geschehen – wie in den Sagen –, und es bleibt mir, all jenen zu danken, die sich mit persönlichem Engagement für dieses Buch eingesetzt haben: meinem Bruder Philipp Bachmann, Oberdorf, für die Textrecherchen und Fotos, Hans Steinegger, Schwyz, für die inhaltliche Diskussion, Gerd-Norbert Frisch, Thun, und Hanspeter Niederberger, Giswil, für die teilweise Durchsicht des Manuskriptes sowie dem Rotpunkt-Team in Zürich für die Unterstützung und die anregende Zusammenarbeit.

Ein besonderer Dank geht an Ueli Wittwer, Bern, der die meisten Fotos beigetragen hat, sowie an Danièle Viviane, Arth, für den umfangreichen Serviceteil und für Fotos, vor allem aber für ihre Begleitung und die erfrischende Intuition, mit der sie viele Ideen eingebracht hat. *Thomas Bachmann*

SAGENWUNDER UND WANDERSAGEN – EINE EINFÜHRUNG

Um Sagen zu verstehen, braucht es eigentlich keine Einführung. Sagen sind, was sie sind. Man könnte deshalb das Büchlein bereits an dieser Stelle wieder zuklappen und in den Rucksack verstauen, um es bei nächster Gelegenheit auf eine sagenhafte Wanderung mitzunehmen.

Wenn nun trotzdem einige einführende Sätze angefügt werden, so ist dies in erster Linie für jene gedacht, die zur Welt der Sagen im allgemeinen und zur vorliegenden Auswahl im besonderen etwas erfahren möchten. Die Märchen- und Sagenforschung füllt mittlerweile ganze Bibliotheken. Die folgenden Gedanken bleiben deshalb auf wenige Aspekte beschränkt.

So unterschiedlich Sagen auch sind, sie haben immer etwas mit dem Erleben zu tun. Im Zentrum dieses Erlebens steht die Begegnung mit dem Ausser-Gewöhnlichen. Und – wohlgemerkt – diese Begegnung ist für die Betroffenen absolut real. Es kann dies eine Begegnung mit der Geisterwelt sein. Es sind aber auch Begegnungen mit einer allumfassenden Weisheit und damit Begegnungen mit sich selbst. Der Sagenforscher Max Lüthi hat dies so ausgedrückt: Der Mensch blickt in eine andere Welt hinein und wird von diesem Gesicht erschüttert; dies ist wohl die Keimform der Sage überhaupt.

So ist das Sagengeschehen meistens in der Gegensätzlichkeit von diesseitiger und jenseitiger Welt angesiedelt, wo sich die fassbare Realität und die umfassende Naturweisheit berühren. Damit verbunden ist das Spannungsfeld zwischen Bewusstsein und Unbewusstsein, zwischen männlicher und weiblicher Kraft, aber auch der Gegensatz zwischen der herrschenden Kultur und den Naturkräften. Neben dieser Gegensatzproblematik werden ebenso Naturkatastrophen oder gesellschaftliche Ereignisse verarbeitet, wie die Sagen vom

»Schwarzen Vogel« oder vom »Schötzer Schmittenanneli« zeigen.
Viele Sagenmotive treten in ähnlicher Form, teils mit zeitlicher Verschiebung, in einem grösseren Gebiet auf. Als Wandersagen wurden sie, vermutlich von Händlern und Pilgern, weitererzählt. Andere Motive wiederum scheinen unabhängig voneinander an verschiedenen Orten entstanden zu sein und repräsentieren eine allgemeingültige Volksweisheit.
Wer sich mit Sagen beschäftigt, ist immer wieder fasziniert von der reichen Symbolik. Bilder, Zeichen und Figuren tauchen auf wie aus einer fernen Welt. Für den Sagenforscher Gotthilf Isler sind Sagen denn auch ein Ausdruck der inneren Weisheit des Unbewussten. Diese Weisheit teilt sich über Symbole mit, die aus einem interkulturellen Fundus zu stammen scheinen und die, was die Innerschweizer Sagen betrifft, mit christlichen Moralvorstellungen angereichert sind.
Im Zentrum der Sage steht häufig ein Frevel. Das frevelhafte Tun endet meist vernichtend für die Menschen. Allerdings finden wir immer auch Hinweise auf Möglichkeiten, mit dem Unheimlichen umzugehen. Die grosse Bedeutung der Sagen liegt nicht in der moralischen Belehrung über richtige Verhaltensweisen, sondern darin, dass sie zu eigenen Lösungen anregen.
Selbstverständlich umfassen die hier abgedruckten Sagen nur einen winzigen Bruchteil des Innerschweizer Erzählgutes. Allein das Muotatal würde, Sage an Sage gereiht, den vorliegenden Buchumfang problemlos füllen. Dazu kommen Heiligenlegenden und allerlei lokalhistorische Schwänke. Die zwölf Geschichten dieses Bandes können also keineswegs repräsentativ sein.

So fehlen beispielsweise die zahlreich vorkommenden Sagen, deren zentrale Figuren Erdmännchen oder Hexen sind, letztere ein unendlich trauriges Kapitel der Menschheitsgeschichte betreffend. Trotzdem wurde versucht, thematisch ein breites Spektrum abzudecken und gleichzeitig verschiedene lohnende Wanderregionen vorzustellen.

»Glaubst du die Geschichte vom Teufel mit dem Pflug? Und würde der Teufel heute nicht mit dem Traktor umherdonnern?« – Natürlich glauben wir an die Geschichte vom Teufel »so« nicht. Und gleichzeitig glauben wir auch daran, nicht zuletzt auch an des Teufels Modernisierungsfähigkeit. Sagen sind nicht eine Frage des Glaubens, sondern des Empfindens. Und da haben uns die Kinder oftmals einiges voraus.

Der Kinderpsychologe Bruno Bettelheim betont, dass sich das intellektuelle Leben des Kindes während des grössten Teils der Menschheitsgeschichte auf Mythen, Märchen und Sagen stützte. Diese beantworteten im kindlichen Empfinden die wichtigsten Lebensfragen und hatten eine bedeutende Wirkkraft. In diesem Sinn soll man den Kindern die Sagen nicht vorenthalten, auch wenn sie oft schlecht enden. Nicht zuletzt ermöglichen die Sagen einen spielerischen Umgang mit der andern Seite des Lebens. Auf die damit verbundenen Ängste der Kinder vor einem Ungeheuer oder einem Gespenst genügt im allgemeinen die Versicherung, dass ein Sagengeschehen weit weg oder in uralten Zeiten stattgefunden hat.

Erzählen wir zum Beispiel die »Sage von der verbannten Jungfrau im Giswilerstock«, so können wir nicht wissen, welcher Teil der Erzählung die Kleinen am ehesten beeindruckt und welches Bild sie aus der Gesamtheit herauslösen und in ihrer Phantasie weiterspinnen. Das Kind entscheidet selbst, was momentan wichtig ist. Es mag deshalb am besten sein, der Führung des Kindes zu folgen (damit ist selbstredend auch das eigene innere Kind gemeint). Unterschlagen wir deshalb gelegentlich das Ende der Giswiler Erzählung und lassen wir die Kinder selber phantasieren. Vielleicht vermögen sie die »verbannte Jungfrau« zu erlösen!

Und wie steht es heutzutage mit den Sagen? Ist die Sage lediglich eine altbackene Story von vorgestern? Vieles weist darauf hin, dass dem nicht so ist. Wohl ist die Bedeutung des Erzählens in der multimedialen Zeit praktisch auf Null gesunken. Betrachtet man jedoch die gesellschaftliche Entfremdung, die Zerstörung von Umweltressourcen oder die Zerteilung der Landschaft, so mangelt es nicht an sagenhaften Freveln in unserer nächsten Umgebung. Aktuell sind die Sagen aber auch, was die persönliche Lebensorientierung betrifft. Sagenfiguren gleich sind viele Menschen hin- und hergerissen zwischen Vernunft und Gespür. In unserer Zeit zählt die Vernunft. In den Sagen zählt die Hinwendung zum Gespür.

Sagen sind, was sie sind. Jede Leserin und jeder Leser wird sie wieder etwas anders verstehen. Dabei gilt es zu bedenken, dass Symbole und Figuren nie absolut gedeutet werden können, sondern immer auch eine Kehrseite enthalten. So sollen denn die Interpretationen dieses Buches lediglich als Anregung dienen, eigene Sagen-Deutungen zu wagen und dem eigenen Gespür freien Lauf zu lassen.

KARTEN UND ROUTEN

Alle Wanderungen dieses Buches sind gut begehbar und, bis auf wenige kurze Abschnitte, durchgehend markiert. Die Markierung in der Schweiz ist einheitlich. Sie besteht aus Wegweisern mit oder ohne Zeitangaben, Richtungszeigern, Rhomben und Farbanstrichen.

Gelb beschildert und markiert sind Wanderrouten, die ohne besondere Gefahren begangen werden können.

Weiss-rot-weiss beschildert und markiert sind Bergrouten. Sie erfordern geeignete Schuhe mit griffiger Sohle, wetterfeste Kleidung und allgemein grössere Vorsicht. Die meisten Wanderungen dieses Buches verlaufen auf Bergrouten.

Weiss-blau-weiss beschildert und markiert sind Routen mit alpinem Charakter. Auch hier sind geeignete Schuhe und Kleidung sowie Trittsicherheit und Schwindelfreiheit nötig.

Die den einzelnen Wanderungen angefügten Kartenausschnitte ermöglichen eine grobe Orientierung über die jeweilige Route. Es ist jedoch empfehlenswert, zusätzlich eine Schweizerische Landeskarte im Massstab 1:50 000 oder 1:25 000 dabeizuhaben. Für verschiedene Regionen gibt es auch spezielle Wanderkarten. Die entsprechenden Angaben sind bei jeder Wanderung angefügt.

Rundwanderung von Escholzmatt über den Altengrat

Nicht immer »geit es schön u luschtig«, auch im Entlebuch nicht. Schön ist aber zweifellos die Wanderung über den Altengrat auf einem der zahlreichen Napf-Höhenwege, und mit etwas Unerschrockenheit werden wir feststellen, dass längst nicht jede Alphütte Gespenster birgt.

1

Von Escholzmatt über den Altengrat · Was ich nicht verlocht habe …

Die gespenstische Alphütte

Auf einer entlegenen Alp oberhalb Escholzmatt lebte einst ein habgieriger Senn, der nichts anderes im Sinn hatte, als seinen stattlichen Besitz stets zu vermehren. Nach seinem Tod war die Alp von einem unheimlichen Bann befallen worden, denn wer auch immer den ehemaligen Besitz des Verstorbenen betrat, kehrte niemals zurück. Mit Erstaunen, aber auch mit Schrecken nahmen die Nachbarn von weitem wahr, dass die verhexte Alp offensichtlich weiter bewirtschaftet wurde – obwohl auf der Alp keine Menschenseele auszumachen war. Frühmorgens wurden die Kühe von unsichtbarer Hand aus dem Stall gelassen und abends wieder heimgetrieben. Untertags stieg aus dem Kamin Rauch gegen den Himmel, als ob der verstorbene Senn immer noch beim Käsen oder mit dem Zubereiten seiner Mahlzeit beschäftigt wäre.

1

> **Mit Erstaunen, aber auch mit Schrecken nahmen die Nachbarn wahr, dass die verhexte Alp offensichtlich weiter bewirtschaftet wurde – obwohl keine Menschenseele auszumachen war.**

Da beschloss eines Tages ein unerschrockener junger Mann, das Geheimnis zu lüften. Obwohl ihm die Nachbarn dringend davon abrieten, betrat er die Alp und drang ohne Schwierigkeiten bis zur Alphütte vor, aus deren Kamin wie üblich Rauch quoll. Mutig klopfte er an die geschlossene Tür, und als ihm niemand öffnete, stiess er sie kurzerhand auf. In der Hütte war kein Lebewesen zu sehen, und trotzdem brannte ein Feuer unter dem vollen Käsekessi. Mit lauter Stimme rief er nach dem Senn, erhielt aber keine Antwort. Da öffnete er die Tür zur Wohnstube und erblickte in der Mitte der Kammer einen mit Speis und Trank gedeckten Tisch. Aber auch hier war niemand zu sehen. Weil er trotz der beklemmenden Atmosphäre gewillt war, das unheimliche Rätsel zu lösen, schaute er sich nach einem geeigneten Versteck um. Er schlüpfte kurzerhand in das in die Wandnische eingelassene Bett und zog den Leinenvorhang vor. Nur einen kleinen Spalt liess er offen, damit er die Wohnstube überblicken konnte.

Gegen Mittag hörte er schwere Schritte, die immer näher kamen. Endlich erschien unter der Tür eine schau-

erliche Gestalt mit einem hässlichen, entstellten Kopf, der nicht die geringste Ähnlichkeit mit einem menschlichen Antlitz aufwies. Dieses Ungeheuer warf einen Blick auf den Tisch und rief mit furchtbarer Stimme: »Das Totengericht ist fertig! Nur ein Gedeck fehlt noch für denjenigen, der sich im Bett verkrochen hat!« Mit hartem Griff packte es den Burschen am Arm und zog ihn hinter dem Vorhang hervor. Schon meinte der Entdeckte, dass nun sein letztes Stündchen geschlagen habe, als das gespenstische Wesen plötzlich in sanftem, ja fast bittendem Ton fortfuhr: »Fürchte dich nicht! Ich trachte nicht nach deinem Leben! Vielmehr möchte ich, dass du mich von meinem Fluch erlöst. Die Bedingungen dafür sind allerdings sehr schwierig zu erfüllen. Wenn du auch nur den kleinsten Fehler begehst, ist meine Erlösung dahin, und du hast dein Leben verwirkt. Wenn du aber Erfolg hast, wirst du es nicht zu bereuen haben!«

Der junge Mann überlegte nicht lange und beschloss, alles zu wagen. »Steh auf!« forderte ihn das Ungeheuer auf, »setz dich an den Tisch und greif zu!« Da meinte der unerschrockene Bursche: »Was ich nicht geschöpft habe, esse ich auch nicht auf!« Zufrieden mit dieser Antwort, holte der Geist Schaufel, Licht und ein Gefäss herbei, legte sie vor den Burschen hin und hiess ihn, sie in den Keller hinunterzubringen. »Was ich nicht herbeigebracht habe, trage ich auch nicht weg!« war die kecke Antwort. Da hob das Ungeheuer selbst die Sachen auf und stieg, gefolgt vom jungen Mann, in den Keller hinunter. Unten angelangt, wies es auf eine bestimmte Stelle und befahl: »Hier musst du ein Loch graben, um etwas herauszuholen!« »Was ich nicht verlocht habe, loche ich auch nicht aus!« Da griff der Geist selber zur Schaufel und grub einen grossen Kessel aus, der randvoll mit Geldmünzen gefüllt war. Nun forderte er seinen Begleiter auf, den Topf aus der Grube zu heben. Aber wiederum verweigerte der Bursche seine Mithilfe mit der Begründung: »Was ich nicht hineingetan habe, hole ich auch nicht heraus!« Dem Ungeheuer blieb nichts anderes übrig, als selbst den Topf zu bergen. Es leerte den Topf auf dem Tisch aus und machte zwei gleich grosse Geldhaufen. »Du kannst dir jetzt einen Haufen auswählen. Wählst du richtig, so wirst du glücklich und zufrieden sein bis an dein Lebensende, und ich werde für alle Ewigkeit erlöst sein. Wenn du aber falsch entscheidest, bist du des Todes, und ich werde weiterhin als Geist wandeln müssen!« Da umfasste der junge Mann mit beiden Armen die Geldhaufen und meinte: »Einer wird wohl der rechte sein!«

1

Wählst du richtig, so wirst du glücklich und zufrieden sein. Wenn du aber falsch entscheidest, bist du des Todes.

Damit hatte er seine schwierigste und zugleich letzte Prüfung bestanden. Über das unmenschliche Antlitz des Ungeheuers huschte ein glückliches, zufriedenes Lächeln. Und bevor sich's der Bursche versah, verwandelte sich der Geist in eine weisse Taube, die durchs offene Fenster hinaus in die Lüfte flog. Damit war die Seele des habgierigen Sennen endlich erlöst. Zurück auf der Alp blieb der unerschrockene Bursche mit seinen unermesslichen Schätzen.

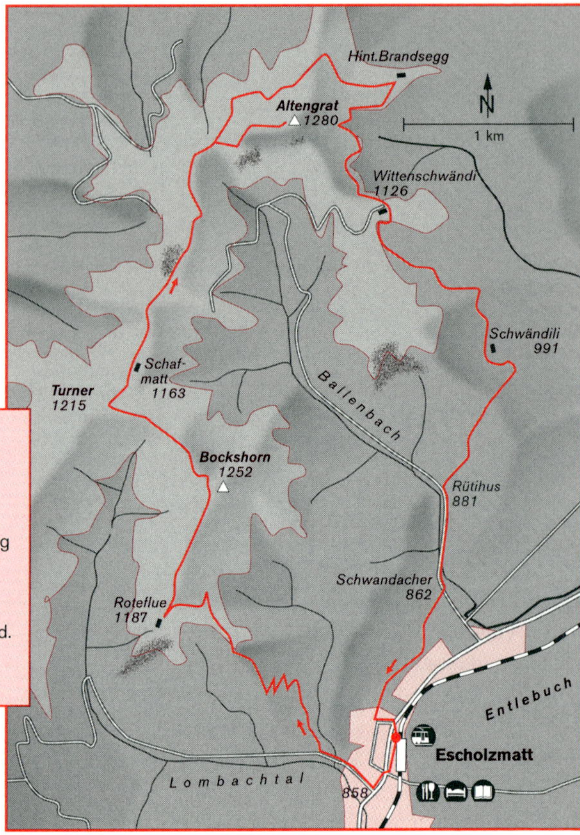

Wanderzeiten:
Escholzmatt–Turner
1.20 Std. (⇦1.10 Std.)
Turner–Altengratschwändi
0.35 Std. (⇦0.35 Std.)
Altengratschwändi–Grätliegg
0.25 Std. (⇦0.25 Std.)
Grätliegg–Escholzmatt
1.35 Std. (⇦1.50 Std.)
Totale Wanderzeit: ca. 4 Std.
Höhendifferenz: 400m
(Auf- und Abstieg)

ESCHOLZMATT ist mit dem Zug von Luzern und von Bern her leicht erreichbar. Wer von Bern her anreist, erkennt allein an der Mächtigkeit der Escholzmatter Kirche, dass die Grenze zum Kanton Luzern überschritten sein muss.

Die Wanderung führt uns zuerst auf den Turner, dann über einen imposanten Höhenweg auf die Berner Seite des Altengrates und um diesen herum wieder zurück nach **Escholzmatt.** Die ganze Route ist als Wanderweg bezeichnet und leicht zu finden.

Beim »Löwen« in Escholzmatt verlassen wir die Hauptstrasse in Richtung **»Loch«.** Auch wenn der Hang steil ist, gewinnen wir in angenehmen Serpentinen und vorbei an schroffen Nagelfluhfelsen zügig an Höhe. Bei der **Rotenfluh,** einem ganzjährig bewohnten Bauernbetrieb, liegt der Hauptanstieg dieser Wanderung bereits hinter uns. Oberhalb des Waldes wird der

Blick frei auf die Berner Hochalpen: Zwischen Hohgant und Schrattenfluh zeigen sich schon bald der Mönch und seine ständige Begleiterin. Von Rotenfluh wandern wir am Weiler **Bock** vorbei (auf das nahegelegene Bockshorn lassen wir uns nicht jagen) und erreichen kurz darauf den **Turner.**

Wir wenden uns nach rechts, folgen ein kurzes Stück der asphaltierten Bergstrasse und biegen dann wiederum rechts ab Richtung Altenbergschwendi. Ein abwechslungsreicher Weg windet sich den bewaldeten Grat entlang. Zur linken Seite liegt das Emmental, rechts weitet sich das Entlebuch. Und natürlich fragen wir uns ab und zu, ob einer jener Höfe weit unten die gespenstische Alp gewesen sein mag, von der die Sage erzählt. Abgelegen sind diese Höfe heute nicht mehr, denn sie sind alle mit einer Fahrstrasse erschlossen.

Bei der **Altengratschwendi** verlassen wir den Grat. Wer sich als Tagesziel noch einen Gipfel leisten möchte, dem sei der kurze Aufstieg zum Altengrat empfohlen. Die zusätzliche Anstrengung wird mit einer phantastischen Rundsicht belohnt: Man steht mitten im Napfbergland, im Norden liegt der Napf selber, im Süden breiten sich die Berner Alpen aus. Es empfiehlt sich, den Abstieg zurück zum markierten Wanderweg auf der Aufstiegsroute zu wählen, denn schnell hat man sich verlaufen im Land der »Eggen und Gräben« (ein enges Tal nennt man hier »Graben«, einen spitzen Grat »Egg«). Der Höhe entlang erreichen wir die **Grätliegg,** wo wir scharf nach rechts, Richtung Escholzmatt abzweigen. Immer den Wanderzeichen folgend und auf sehr angenehmen Wegen wandern wir über die **Hintere Brandsegg**

Verkehrsmittel:
→ Escholzmatt 853m
Eisenbahn (460)

Charakter:
Leichte und lohnende Tageswanderung
Beste Jahreszeit:
April bis Juni; September bis November
Karten:
Wanderkarte Emmental/Oberaargau (1:60 000)
244 Escholzmatt (1:50 000)
1168 Langnau (1:25 000)
1169 Schüpfheim (1:25 000)
Wanderkarte Escholzmatt-Marbach (1:25 000)

i
Verkehrsverein
Gemeindekanzlei
6182 Escholzmatt
Tel. 041 486 11 31
Fax 041 486 21 16

Übernachtungsmöglichkeiten:
Escholzmatt

Gaststätten:
Escholzmatt

Besonderheiten:
Wiesenpfad im Entlebuch (von Escholzmatt SBB nach Wiggen SBB, ca. 3.15 Std.; Broschüre erhältlich am Bahnhof oder beim Verkehrsverein)

und die **Wittenschwändi** hinunter ins **Schwändili**.

Längst ist uns die Häufigkeit der Flurbezeichnung »Schwändi« aufgefallen. Unter »schwenden« versteht man das Ausroden und Abbrennen bewaldeter oder vergandender Flächen. Auch die Bezeichnung »Brandsegg« weist auf diesen Zusammenhang hin. »Rüti-«, »Reuti-« und verwandte Wortbildungen bezeichnen denselben Vorgang. Die Alemannen, die vom 5. Jahrhundert an den Hauptteil der heute deutschsprachigen Schweiz besiedelten, drangen erst im 8. Jahrhundert in die damals bewaldete und unwirtliche Gegend des Entlebuchs vor. Nach der Jahrtausendwende, als die Nachfrage nach neuem Landwirtschaftsland ständig wuchs, erfolgte bis ins 14. Jahrhundert hinein auch die Besiedlung des höher gelegenen Napfberglandes. Durch »Schwenden« wurde neues Weideland gewonnen. Die Flurbezeichnung »Schwändi« deutet deshalb auf eine relativ späte Phase der Landgewinnung hin. Dies dürfte der Grund sein, weshalb diese Bezeichnung mehrheitlich in abgelegenen Gebieten zu finden ist.

Beachtet man zudem die Lage dieser Höfe, so fällt auf, dass sie meist auf einer grossen und erstaunlich flachen »Terrasse« stehen. Überhaupt scheint die ganze Landschaft stufenförmig modelliert zu sein. Dies hängt mit dem geologischen Untergrund zusammen. Das Napfbergland besteht aus abwechslungsweise gelagerten Nagelfluh-, Sandstein- und Mergelschichten. Die stark verwitterungsanfälligen Nagelfluhschichten haben Steilhänge gebildet und wurden zumeist dem Wald überlassen. Bewaldet liess man selbstverständlich auch die engen Runsen und Tobel. Ohne diesen Schutzwald würde das Land grossflächig abgeschwemmt, und im Tal müsste regelmässig mit verheerenden Überschwemmungen gerechnet werden. Auf den flacheren Sandstein- und den harten Mergelschichten wurde jedoch der Wald gerodet. Diese Flächen eigneten sich natürlicherweise als Standort für die Häuser. Deshalb liegen die Höfe, beispielsweise die Hintere Brandegg und die Wittenschwändi, oft auf ungefähr derselben Höhe. Sie stehen auf der gleichen geologischen Terrasse.

Vom Schwändili geht's hinauf zum **Arbode,** danach steil hinunter durch ein hübsches Tälchen zum – wie könnte es anders sein – **Rütihus,** talauswärts zum – wie könnte es anders sein – **Schwandacher** und zurück nach **Escholzmatt.** Eingangs Dorf wird die Route etwas unübersichtlich, aber wenn man beinhart den gelben Schildern nachwandert, kann man die ebenso harten Asphaltstrassen zum grossen Teil vermeiden.

DIE LEICHEN IM KELLER UND DER LOHN DER UNERSCHROCKENEN – ZUR SAGE VON DER GESPENSTISCHEN ALP

An mancher verwunschenen und gespenstischen Alphütte sind wir schon vorbeigekommen – und haben es nicht bemerkt oder zumindest nicht bemerken wollen. Die Sage von Escholzmatt wird in vielerlei

Auch heute wird noch »geschwändet«. Mit dem Ausroden und Abbrennen wird dem natürlichen Ausdehnen des Waldes Einhalt geboten.

Versionen und in verschiedenen Gegenden erzählt. Durch Habgier, Gewalt an Menschen, durch Tierquälerei oder die leichtsinnige Verschwendung der Gaben Gottes gerät die Alp unter einen dunklen Zauber. Die Geschichte wird meist drastisch ausgeschmückt, so dass der böse Zauber als nachvollziehbare und verständliche Strafe empfunden wird. Mit den Folgen dieser Verzauberung haben sich dann allerdings die Nachkommen herumzuschlagen, was als weniger gerecht gesehen wird. Der böse Geist, den man nicht selber verschuldet hat, hockt nun da und besetzt Alp und Gebäude. Und es liegt an den Nachkommen, getanes Unrecht wieder gutzumachen. Man bedenke, dass es auch im Entlebuch allenthalben an gutem Land mangelte – und auf unserer Wanderung ist leicht zu erkennen, wieviel Mühe die Bewirtschaftung des steilen Geländes kostet. Der leichtsinnige Verlust einer Alp ist da schwer zu verkraften.

Vielleicht aber versteckt sich ein anderer Sinn hinter der Verwandlungsgeschichte von Escholzmatt. Vielleicht geht es hintergründig nicht um getanes Unrecht, um Strafe und Sühne. Allein die Tatsache, dass die Geschichte vielerorts erzählt wird, lässt auf ein Urmuster von Volksweisheit schliessen.

Viele Märchen – eine den Sagen verwandte Erzählgattung – werden so verstanden, dass die darin vorkommenden Figuren nicht etwa verschiedene Personen darstellen, sondern Teilaspekte einer einzigen Person sind. So gesehen trägt jede und jeder sein naives Rotkäppchen und seinen Wolf mit sich herum. Die Handlungen des Märchens spiegeln die Zustände und Abläufe der eigenen Psyche, manchmal auch

Eine fröhliche Kindheit ist die beste Voraussetzung, dereinst ein »unerschrockener Senn« zu werden.

der Gesellschaft wider. Der Handlungsort ist die Innenwelt des Menschen. Viele Sagen können in ähnlicher Weise verstanden werden.

Die ganze Geschichte spielt auf einer entlegenen Alp. Dazu ist zu bemerken, dass in bäuerlichen Gesellschaften die Alp oft als Sinnbild der Seele verstanden wird. Die Alp wie auch die Seele werden zweiseitig gesehen: Im Sommer gehört die Alp den Menschen – psychologisch gesehen entspricht dies dem Bewusstsein; im Winter gehört sie den Geistern – dies entspricht dem Unterbewusstsein. Die Alp beziehungsweise die Seele wird also in zwei Gegenpole unterteilt, die sich zu einer Ganzheit zusammenfügen. Die Zustände auf der Alp geben die seelische Verfassung wieder. Die Alp, im besonderen aber die Alphütte und deren Gemächer, wird zum Schauplatz innerer Gegensätze.

Der tapfere Senn und das Ungeheuer treten als Gegenspieler auf. Es lässt sich jedoch vermuten, dass diese beiden Gegenspieler letztlich gar nicht verschiedene Figuren sind, sondern nur zwei verschiedene Seiten ein und derselben Person. Der Senn begegnet einem Wesenszug, den er bei sich selber nicht vermutet hätte: den dunklen und destruktiven Mächten in seiner Seele. Diese geben sich zwar bedrohlich, möchten aber eigentlich erlöst sein. Im Gegensatz zu seinen Vorgängern, die alle von der Alp nicht zurückgekehrt sind, bringt er den Mut auf, der ungeheuerlichen Seite seines Wesens ins Auge zu blicken und allen Ängsten zum Trotz im Keller nach den »Leichen« zu forschen, die da vergraben liegen.

Dass die letzte Aufgabe, aus zwei Geldhaufen den richtigen zu wählen, als die schwierigste Prüfung bezeichnet wird, mag vorerst erstaunen. Immerhin bestehen von vornherein fünfzig Prozent Gewinnchance. Kurz entschlossen umfasst der Senn beide Haufen. Was auf den ersten Blick nach kecker Bauernschläue aussieht, hat seinen tieferen Sinn: Nicht nur das Gute, auch das Schlechte gehört zum Leben. Man soll deshalb nicht nur das Gute wählen und das Schlechte ausgrenzen, sondern vielmehr beide Seiten ins eigene Leben einbeziehen. Dem Senn scheint dieses Kunststück zu gelingen.

Indem er der Begegnung mit seiner Schattenseite nicht ausweicht, vermag er diese Seite aufzuhellen und nach und nach in eine sanfte, positive Kraft zu verwandeln. Das ist die Leistung des tapferen Sennen, die mit Hilfe von Bildern der äusseren Welt erzählt wird. Er wird reich beschenkt und lebt glücklich und zufrieden »in seiner Alp«. Dass das Ungeheuer am Schluss auch noch in eine weisse Taube verwandelt wird, hat wohl weniger mit dem Ur-

Einstmals abgelegene Höfe sind heute gut erschlossen und werden ganzjährig bewohnt.

Auch ein guter Wachhund braucht gelegentlich Streicheleinheiten.

muster der Sage, sondern mehr mit christlichen Vorstellungen zu tun.
Die Sage von Escholzmatt erinnert an die Erzählung vom Ritter Blaubart, auch wenn diese weit vielschichtiger ausgestaltet ist. Blaubart, als notorischer Frauenheld dargestellt, pflegt seiner jeweils aktuellen Frau alle Freiheiten zu gewähren, mit einer Ausnahme: die unterste und hinterste Tür im Keller darf nicht geöffnet werden. Tun dies die Frauen trotzdem, so entdecken sie dahinter stapelweise die zerstückelten Leichen ihrer Vorgängerinnen, oder eben in übertragenem Sinne ihre eigene dunkle Seite. Konfrontiert mit dieser ungeahnten Realität kapitulieren die allermeisten und landen selber als Leiche

im Keller. Nur wer die Begegnung mit der negativen Facette der eigenen Persönlichkeit riskiert, kommt gestärkt aus dem Keller heraus.

An mancher verwunschenen und gespenstischen Alphütte sind wir schon vorbeigekommen – vielleicht bemerken wir es das nächste Mal, wenn es die eigene ist …

Escholzmatt bildet den Ausgangs- und Endpunkt unserer Rundwanderung durchs Entlebuch.

Wie es sich gehört für einen stattlichen Wegweiser: Er zeigt in alle vier Himmelsrichtungen.

Von Schötz nach Gettnau.

Eine Wanderung im flachen Luzerner Hinterland? »Gar nicht schlecht,« kommentierte mein Begleiter die hübsche Nachmittagstour. Ein gut anderthalbstündiger Spaziergang führt durch jene Gegend, wo die Schmiedetochter Anneli ein grauenvolles Schicksal ereilte.

2

Von Schötz nach Gettnau · Die Sage vom Schötzer Schmitten-anneli

Das Schötzer Schmittenanneli

Auf dem Hügel Hostris östlich der Strasse von Schötz nach Alberswil steht eine kleine Wegkapelle, die dem heiligen Eligius, dem Patron der Schmiede, geweiht ist. Sie erinnert an das sogenannte Schmittenanneli von Schötz, das wegen seiner Eitelkeit und Hoffart hart bestraft worden ist. Sein Vater war ein wackerer Schmied, der mit seiner Frau und den sechs Kindern, zwei Söhnen und vier Töchtern, in der unteren Schmiede zu Schötz wohnte. Er besass daneben einen grossen Bauernhof, der über die obere Wiggerzelg bis zum Hostris reichte. Mit Ausnahme von Anneli, der jüngsten Tochter, waren alle Kinder folgsam und fleissig. Anneli aber hatte nichts anderes im Sinn als schöne Kleider, um den jungen Männern zu gefallen. Die hübsche Jungfer hatte viele Verehrer. Von den jungen Männern im Dorf wollte sie jedoch nichts wissen. Für sie kam nur einer aus adligen Kreisen in Frage, wie sie auf den Burgen dieser Gegend anzutreffen waren.

An einem schönen Sommermorgen hatte sie das Vieh auf den Meienrain getrieben. Als sie sich an der Stelle, wo heute die Eligiuskapelle steht, ins Gras gesetzt hatte und sich das Haar kämmte, tauchte plötzlich ein Ritter hoch zu Ross vor ihr auf. Gefällig musterte er die Maid und fragte sie, ob sie für ein paar hundert Pfund zu einem Schäferstündchen bereit sei. Da antwortete Anneli, dem der stattliche Mann gut gefiel, dass sie am liebsten ein Leben lang bei ihm bleiben möchte. Da packte der Ritter die Jungfer beim Gürtelschloss, hob sie zu sich aufs Pferd und sprengte im Galopp davon. Er ritt mit ihr über Stock und Stein, durch Hecken und Gebüsch, wo Annelis Kleider zerrissen und ihre Beine zerkratzt wurden. Als sie zu weinen begann, meinte er nur, dass er kein echter Ritter sei und dass er weder ihren seidenen Rock noch ihre weisse Haut schonen wolle. Der wilde Ritt endete erst vor dem Höllentor, wo das Mädchen von drei Teufeln empfangen wurde. Der erste hiess Anneli willkommen, der zweite zog sie in die Hölle hinein, und der dritte füllte Kessel mit glühender Kohle, die er der Schönen unter die Hände und Füsse stellte. Als sie um einen Schluck Wasser bat, gaben ihr die Teufel Pech und Schwefel zu trinken. Dann setzten sie sie auf einen glühenden Sessel, zogen ihr die schneeweisse Haut vom Leibe und machten daraus einen Schimmel. Der falsche Ritter setzte sich auf sein neues Pferd und ritt schnurstracks zur unteren Schmiede in Schötz. Dort angelangt, verlangte er vom Schmied, dass er den Schimmel beschlage. Den ersten Nagel schlug der Gehilfe ein. Doch als der Schmied selbst zu Hammer und Nagel griff, neigte das Pferd den Kopf zu seinem Vater und sprach: »Ach Vatter, hör uf, es isch gnueg! Du schlosch nor dis eige Fleisch und Bluet.« Da erkannte der Vater seine Tochter Anneli, warf seinen Hammer weg und schwor, ihn nie mehr anzurühren. Das Pferd aber fuhr fort, mit dem Schmied zu sprechen. Es ermahnte ihn, seine Kinder streng zu erziehen, damit diese nicht ein ähnliches Schicksal wie die jüngste Tochter erleiden müssten. Bevor die herbeigeeilte Mutter ihr verzaubertes Anneli mit Weihwasser besprengen konnte, waren Ross und Reiter aus der Schmiede verschwunden. Mitten auf der Dorfstrasse vollführte der teuflische Reiter mit seinem Schimmel einen wilden Rundtanz und verschwand plötzlich im Boden. Seither ward weder das Schötzer Schmittenanneli noch dieser seltsame Schimmel wieder gesehen.

2

Die kleine Wegkapelle erinnert an das sogenannte Schmittenanneli von Schötz, das wegen seiner Eitelkeit und Hoffahrt hart bestraft worden ist.

Wanderzeiten:
Schötz–Alberswil
0.45 Std. (⇦0.45 Std.)
Alberswil–Ruine Chastelen
0.20 Std. (⇦0.15 Std.)
Ruine Chastelen–Gettnau
0.30 Std. (⇦0.35 Std.)
Totale Wanderzeit: ca. 1.40 Std.
Höhendifferenz: 150m
(Auf- und Abstieg)

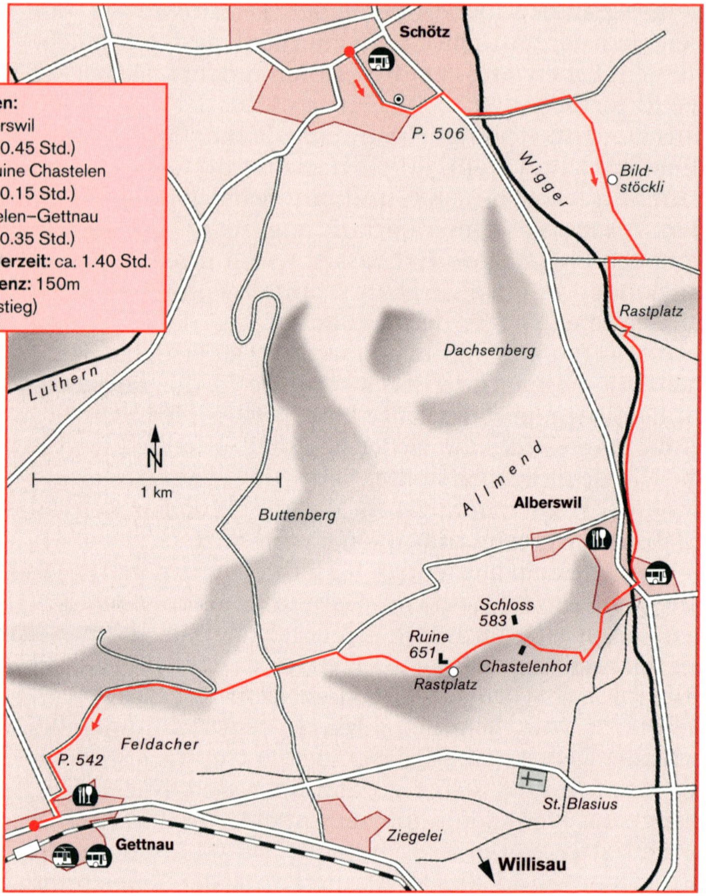

WIR STARTEN IN SCHÖTZ bei der Post, die mit öffentlichen Verkehrsmitteln gut zu erreichen ist. Lust zum Verweilen verspüren wir wenig, denn Schötz scheint eines der zahlreichen gesichtslos verbauten Mittellanddörfer zu sein, deren Entwicklung sich allein von Zweckmässigkeit leiten liess. Vorbei an der Hauptkirche, stehen wir bald vor der stattlichen Mauritiuskapelle. Diese Kapelle ist zweifellos eine Besonderheit und ein Blick ins Innere lohnt sich allemal. Im Jahre 1489 wurden in der Umgebung dieser Kapelle etwa 200 Skelette ausgegraben. Man wollte dabei festgestellt haben, dass ein lieblicher Geruch von diesen Gräbern ausging. Im Volksglauben wurde sofort ein Zusammenhang zur thebäischen Legion hergestellt: Um 305 n. Chr. erlitt der zum Christentum konvertierte Legionär und römische Hauptmann Mauritius mit seiner Legion bei St. Maurice den Märtyrertod, weil er sich geweigert hatte, gegen christliche Glaubensbrüder vorzugehen. Der Legende nach konnten viele seiner Soldaten bis ins Luzerner Hinterland fliehen. Hier aber sollen sie auf dem bei Schötz gelegenen Kirchberg von den Heiden niedergemacht worden sein. Einer der Märtyrer soll ebenfalls Mauritius geheissen haben. Dieser oder der römische Hauptmann selbst gaben der Kapelle ihren Namen. Schon Ende des 15. Jahrhunderts entstand ein vielbesuchter Wallfahrtsort, und es sollen sich hier viele Wunderheilungen zugetragen haben, wie das entsprechende »Mirakelbuch« der Pfarrei berichtet.

Nach dem kurzen Besuch der Mauritiuskapelle streben wir dem Dorfausgang Richtung Alberswil zu, verlassen die Hauptstrasse nach links, überqueren auf der Moosstrasse die Wigger und erreichen den Hügel **Hoostris.** Ein Wegweiser schickt uns nach rechts, nach Alberswil, und den Wanderzeichen folgend entdecken wir am linken Wegbord bald einen Bildstock. Das muss der Standort der alten Eligius-Kapelle gewesen sein. Hier wohl fand die verhängnisvolle Begegnung von Anneli mit dem vermeintlichen Edelmann statt.

Sicherheitshalber hinterlassen wir eine stille Fürbitte und folgen dann dem Wanderweg, der uns hinunter an die Wigger und deren Ufer entlang aufwärts zum Zusammenfluss von Wigger und Rot führt. Ein hübscher Rastplatz lädt zu einem Picknick ein. Der Wigger entlang spazieren wir nach **Alberswil.** Unser nächstes Ziel ist die Ruine Chastelen auf dem Hügel. Über die grosse Kreuzung und vorbei am Schulhaus

Verkehrsmittel:
→ Nebikon 487m
Eisenbahn (600)

→ Schötz 508m, Alberswil 524m
Bus (441.65)

→ Gettnau 545m
Eisenbahn (441)

Charakter:
Leichte Halbtageswanderung
Beste Jahreszeit:
April bis Juni; September bis November
Karten:
234 Willisau (1:50 000)
1129 Sursee (1:25 000)

i
Regionales Verkehrsbüro Willisau
Bahnhofplatz 1
6130 Willisau
Tel. 041 970 26 66
Fax 041 970 06 66

Übernachtungsmöglichkeiten:
Schötz; Ettiswil; Alberswil; Gettnau

Gaststätten:
Schötz; Ettiswil; Alberswil; Gettnau

wenden wir uns danach gleich nach rechts (nicht bezeichnet!), zwischen altem Bauernhaus und modernem Stall hindurch aufwärts zum Schlossgut Chastelen. Der Name stammt vom lateinischen »Castellum«, was übersetzt »Burg« bedeutet. Wer einen Blick durchs Eingangstor erheischen mag, dem erzählen die Sonnen auf den Fensterläden, dass dieses Gut seine besten Zeiten längst hinter sich hat. Unser Weg führt hinauf zu dem aus Tuffstein erbauten Turm der alten Burg **Chastelen.** Begegnen wir unterwegs einer weissgekleideten Frau, so sollten wir ihr ein lautes und deutliches »Grüess Gott« entgegenrufen. Oben angekommen, lässt sich erahnen, wie stolz die Burg einst anzusehen war. Einen stattlichen Ritter dieses Kastells hatte sich Anneli wohl ersehnt!

Über Jahrhunderte wurde von hier aus die Herrschaft über die umliegenden Dörfer und Bauernhöfe ausgeübt. Wann die Burg Chastelen erbaut wurde, ist nicht genau bekannt. In den Urkunden ist erst im 13. Jahrhundert von einer festen zweitürmigen Burg die Rede. Zu dieser Zeit hatten die Kyburger bereits die Herrschaft von den früheren Besitzern, den Herren von Lenzburg, übernommen. Wenig später folgten die Habsburger. Nach der Schlacht beim nahen Sempach von 1385 wäre die Burg beinahe zur Ruine geworden. In den fol-

Besonderheiten:
Schötz: Burghalde Pfahlbaumuseum: Urgeschichtliche Funde aus dem Wauwilermoos (Mai bis Oktober, nach Vereinbarung)
Tel. 041 980 15 18;
Museum zur Ronmühle: »Asyl für kulturelles Strandgut« (Mai bis Oktober jeden 1.Sonntag im Monat 14.00–17.00 Uhr oder nach Vereinbarung)
Tel. 041 980 29 64
Alberswil: Schweiz. Landwirtschaftsmuseum Burgrain: Lebens- und Arbeitsweise des Bauerntums (April bis Oktober, Di bis So 14.00–17.00 Uhr oder nach Vereinbarung)
Tel. 041 980 28 10 oder
Tel. 041 970 20 77
Planeten-Wanderweg Luzerner Hinterland (von Willisau nach Schötz, Wanderzeit ca. 1.30 Std.)
Velo-Wanderkarte Luzerner Hinterland (Bezug: Regionales Verkehrsbüro Willisau)

genden Jahrhunderten wechselte sie verschiedentlich die Hand, bis sie 1645 völlig überschuldet an Luzern verkauft wurde. Im Bauernkrieg, acht Jahre später, wurde sie dann von wütenden Bauern zerstört und steht seither geschichtsträchtig, aber zunehmend baufällig auf dem bewaldeten Hügel. Der lokale »Verein Burgruine Kastelen« bemüht sich um die Sanierung des Schlossturms, damit dieses historische Wahrzeichen dem Wiggertal erhalten bleibe.

Wie nicht anders zu erwarten, regte die verfallene Burg auf treffliche Weise auch die Sagenerzählung an. Dem dichten Efeu gleich ranken sich verschiedene Geschich-

Das weite Land des oberen Wiggertales. Auf dem mittleren Hügel steht die Ruine Chastelen.

ten um das Gemäuer, und eine dieser Geschichten erinnert gar sehr an die Begebenheit mit dem Schötzer Schmittenanneli:
Auf der Burg Kastelen wohnte ein überaus schönes Burgfräulein; aber es kümmerte sich weder um Sitte noch Gesetz. An einem Freitag in der Weihnachtszeit zog es trotz Abwehr seiner Eltern mit einem fremden stolzen Ritter auf die Jagd. Beide kehrten nie mehr zurück. Nur an Freitagen dieser heiligen Zeit kann man sie sehen. Das Burgfräulein schreitet im Brautkleid den Burghügel hinauf, und erst wenn ihm jemand ein »Grüess Gott« zuruft, darf es verschwinden. Indessen sitzt ihr Bräutigam als Gespenst auf einem Stein zu Schötz und weint sich die Augen rot.
Für den Bräutigam ist offenbar kein Erlösungswerk vorgesehen. So verlassen wir die Ruine und streben westwärts über **Neuhaus** und geradewegs durch den Wald dem Dorf **Gettnau** zu. Drei Gaststätten laden hier zum Verweilen ein.
Wer die Wanderung fortsetzen möchte, dem bieten sich mindestens zwei Möglichkeiten: dem Flüsschen Luthern entlang zurück nach Schötz oder dem gut markierten Weg folgend über Vogelherd und durch den Willbrig-Wald nach Willisau. Vom Städtchen Willisau führt der Planetenweg in etwa anderthalb Stunden der Wigger entlang zurück nach Schötz. Sowohl in Gettnau wie in Willisau bestehen Zuganschlüsse.

Der Turm der einstigen Burg Chastelen. Einen Ritter dieser Burg hatte sich das Anneli wohl erträumt. Und heute noch soll hier eine weissgekleidete Frau umgehen.

»WHO IS WHO« IM TRAUMA – ZUR SAGE VOM SCHÖTZER SCHMITTENANNELI

Eine Geschichte, zusammengefügt aus Eitelkeit, Ungehorsam und grausamer, aber gerechter Strafe: So wird uns das Leben der Schmiedetochter Anneli aus Schötz geschildert. Man stelle sich vor: rundum wackere, grundanständige Menschen, ein arbeitsamer Vater, eine gottesfürchtige Mutter, folgsame und fleissige Geschwister – nur das Anneli passt nicht ins ländliche Strickmuster. Das Anneli will etwas Besonderes sein. Das kann natürlich nicht gut gehen, und weil viele Sagen uns moralisch belehren wollen, wird schnell klar, was gut und was verwerflich ist. Und damit diese Moral auch wirklich jedem und jeder zu Gehör kommt, wurde die Geschichte des Schmittenanneli auch als Gedicht und als Volkslied bearbeitet.

Vielleicht aber regt die Wanderung entlang der Wigger und hinauf zur Alberswiler Burg zum Nachsinnen an. Kann in jedem Ding und in jeder Moral nicht auch das Gegenteil verborgen sein? Kennen wir das nicht, diese schnellen Täter-Opfer-Zuordnungen? Und wissen wir nicht aus Erfahrung, dass es oft umgekehrt ist, dass die Opfer zu Tätern gemacht werden, um die wahren Täter zu verdecken? – Die blutige Moralgeschichte von Schötz weist jedenfalls auf dieses Muster hin. Erzählen wir die Geschichte mit umgekehrten Vorzeichen:

Anneli, die junge und hübsche Tochter des Schmiedes, ist eigenwilliger als ihre Altersgenossinnen, weiss sich aber der Annäherungen ihrer Verehrer nicht entschlossen genug zu erwehren. Das Kämmen des Haares – Symbol der erotischen Aufforderung – setzt sie unbedacht ein. Unter falschen Versprechungen wird sie verführt und am Gürtelschloss – Symbol ihrer Keuschheit – gepackt. Was für sie durchaus ernst gemeint ist, wird von ihrem Gegenüber brutal ausgenützt. Der erotische Ausflug mündet in einen gewaltsamen Höllenritt. Die Haut – Symbol ihrer Jungfräulichkeit – zerreisst, und bei den drei Teufeln erleidet sie eine Reihe an Erniedrigungen, die als sexuelle Perversionen gedeutet werden können. Ihre weisse Haut – Bild der Reinheit – wird ihr abgezogen. Die Teufel formen daraus ein Pferd – in diesem Fall Sinnbild der Hure –, das geritten und das schliesslich noch vom eigenen Vater beschlagen wird – Gleichnis für Inzest. Erst in diesem Moment könnte die grausame Geschichte eine Wende nehmen. Das Jammern der geschändeten Tochter scheint den Vater zu erweichen. Für Anneli kommt allerdings jede Hilfe zu spät. Sie muss ihr Leben lassen, und die Tatsache, dass sie vom Erdboden einfach verschluckt wird, deutet darauf hin, dass sie ohne christliches Begräbnis irgendwo verscharrt wird. Ausgebeutet, vergewaltigt und zum Schluss umgebracht – das ist der andere und vermutlich realere Hintergrund der Sage vom Schötzer Schmittenanneli.

Die Kirche von Schötz mit der beliebten Wallfahrtskapelle des heiligen Mauritius. Das »Mirakelbuch« berichtet von vielen Wunderheilungen.

Die Geschichte erinnert an unzählige Vergewaltigungstraumata, in denen sich die Opfer selbst als Täterinnen sehen. Die Ermahnungen an ihren Vater zeigen deutlich, wie sehr sich das Opfer Anneli schuldig fühlt an ihrem eigenen Untergang. Zur Rolle des Vaters passen auch die heutigen Statistiken, gemäss derer weit über achtzig Prozent der sexuellen Missbräuche an Mädchen und Knaben im Familien- und Bekanntenkreis geschehen.

Unsere Wanderung führt uns vorbei an der ehemaligen Kapelle des heiligen Eligius. Eligius ist in erster Linie der Patron der Schmiede, im weiteren aber auch der Pferde. Dieser doppelten Zuständigkeit entspricht die Doppeldeutigkeit unserer Sage. So ist es primär die Seele des Schmiedes, die des Zuspruchs bedarf. Aber auch das Anneli kann sich der himmlischen Fürsprache des Heiligen sicher sein.

Eligius, sinnverwandt mit Electus (der Auserwählte), auch Elogius, Eulogius, französisch Eloi und in Deutschland Sankt Loy genannt, wurde um 590 in der Nähe von Limoges geboren. Er war zuerst Goldschmied, dann hoch angesehener Münzmeister der Merowingerkönige, später dann Priester und Bischof im Departement Oise. Zeit seines Lebens, sowohl als Schmied, als Künstler wie hernach als Bischof, hatte er ein gütiges Herz für die Armen und Unterdrückten. Ein früher Biograph bemerkte schon: Wer Eligius sicher finden wolle, treffe ihn stets mitten in einer Schar bedrängter Menschen. Vor allem aber machte ihn sein Kunsthandwerk berühmt, Thronsessel, Kelche, Reliquienbehältnisse, so dass er bald nach seinem Tod zum Idol der Schmiedezunft erhoben wurde. Als ihren Schutzherrn ehrten ihn die Gold-, Silber- und Schwarzschmiede, die Messer- und Hufschmiede, dann auch die Pferdehändler und Kutscher sowie deren Nachfahren, die Automechaniker und Garagisten. Eligius wurde zum eigentlichen Schirmherrn der Pferde – und damit in der Sage auch wieder zum Beschützer des Schmittenanneli. Sein Fest wird am 1. Dezember gefeiert. Mancherorts wurden an diesem Tag die Pferde – in späteren Jahren die Autos – gesegnet.

Nicht wenig Bewunderung in Fachkreisen erheischt jene Legende, die vom Heiligen als Hufschmied erzählt: Um das Pferd leichter beschlagen zu können, habe er jeweils das Pferdebein abgesäbelt – um es nach getaner Arbeit selbstverständlich wieder nahtlos anzusetzen! Eligius wird deshalb meist mit Hammer, Zange und abgeschnittenem Pferdefuss abgebildet.

Bauern- und Handwerkerhaus in Alberswil.

ES IST NICHT ALLES GOLD

Die Sage vom Venediger in Sörenberg

Von Sörenberg via Eisee nach Lungern Schönbüel

Ein geheimes Wissen mussten die »Venediger« haben. Beim Emmensprung oberhalb Sörenberg hat ein solcher Teufelskerl Jahr für Jahr seltsame, goldhaltige Steine gesammelt. Auch heute noch, sagt man, sei es nur den Weisen vergönnt, den richtigen Stein zu finden.

3

Von Sörenberg via Eisee nach Lungern Schönbüel · Die Sage vom Venediger in Sörenberg

Der Venediger in Sörenberg

Aus Venedig kamen einst die sogenannten Venediger über die Alpen bis in unser Land, um hier Gold aufzuspüren und es in die Lagunenstadt zurückzubringen. Es waren Meister der schwarzen Künste, die es verstanden, in goldtropfenden Quellen und in unmessbar tiefen Gängen dieses so heiss begehrte Edelmetall zu gewinnen. Alljährlich erschien ein solcher Magier in Sörenberg an den Quellen der Waldemme, die bekanntlich noch heute Goldsand führt. Dank seiner grossen Erfahrung konnte er leicht feststellen, welche Steine goldhaltig waren. Diese sonderte er aus, und mit Hilfe seiner aus Venedig mitgebrachten alchemistischen Mittel holte er pures Gold aus dem Gestein heraus. Beim Einsammeln und Transportieren der Steine war ihm ein einheimischer Knabe behilflich, der ihm von morgens früh bis abends spät treu und ergeben zur Hand ging. Als der Venediger sich im Herbst zur Rückreise in seine Vaterstadt rüstete, lud er den jungen Burschen ein, ihn zu begleiten. Dieser versprach, zu einem späteren Zeitpunkt nachzukommen, sobald er für sich selbst genügend Gold gefunden habe. Der Venediger zweifelte zwar am Gelingen dieses Vorhabens, nahm aber den Vorschlag an und verabschiedete sich. Nun ging der Knabe ohne meisterliche Hilfe an die Arbeit. Dem Venediger hatte er zwar abgeschaut, woran man goldhaltige Steine erkennt, aber das Ausscheiden des Goldes wollte ihm nicht gelingen, denn dazu fehlten ihm die magischen Mittel.

Kurzerhand packte er so viele Goldsteine in einen Sack, wie er sie noch tragen konnte, und machte sich auf den Weg in die Lagunenstadt. Dort wollte er von seinem Meister lernen, wie man das Gold aus dem Stein herausholt. Als er in Venedig anlangte, suchte er das Quartier der Goldmacher auf. Dort wurde er mit unverhohlener Feindseligkeit empfangen. Die Goldmacher misstrauten dem Fremden, weil sie befürchteten, dass er ihre alchemistischen Geheimnisse ausspionieren wolle. Zu seinem grossen Glück traf er seinen Meister, der ihn überaus gastfreundlich aufnahm, ihm aber riet, möglichst bald Venedig zu verlassen, weil er sonst um sein Leben bangen müsse. Nachdem er den jungen Burschen mit Goldschätzen fürstlich beschenkt hatte, zeigte er ihm noch die Utensilien, die er für sein geheimnisvolles Handwerk benötigte. Zu den merkwürdigen Instrumenten gehörte auch ein Glas, das er als Bergspiegel bezeichnete. Als der Bursche hineinschaute, sah er darin Sörenberg und seine Einwohner. Er konnte auch erkennen, womit jeder einzelne beschäftigt war. Nun drängte der Venediger zum Abschiednehmen. Er hiess den Sörenberger, die mit Geschenken gefüllte Reisetasche umzuhängen, den Wanderstock in die Hand zu nehmen und sich damit auf ein prachtvolles Bett zu legen.

3

Kurzerhand packte er so viele Goldsteine in einen Sack, wie er sie noch tragen konnte, und machte sich auf den Weg …

Kaum hatte der Bursche dies getan, war er schon tief eingeschlafen. Und als er erwachte, lag er auf einem Heustock in Sörenberg. Neugierig öffnete er seine Tasche und stellte zu seiner grossen Freude fest, dass er seine Reise nach Venedig und die grosszügige Gastfreundschaft des Venedigers nicht geträumt hatte. Dank den wertvollen Geschenken war er vom armen Knaben zum reichsten Mann im ganzen Sörenberger Tal geworden.

Wanderzeiten:
Sörenberg–Schönenboden 0.45 Std. (⇦0.35 Std.)
Schönenboden–Eisee 2.10 Std. (⇦1.15 Std.)
Eisee–Eiseesattel 0.15 Std. (⇦0.10 Std.)
Eiseesattel–Schönbüel 1.30 Std. (⇦1.30 Std.)
Totale Wanderzeit:
Schönenboden–Schönbüel: ca. 4.00 Std.
Höhendifferenz: Aufstieg 960m, Abstieg 200m

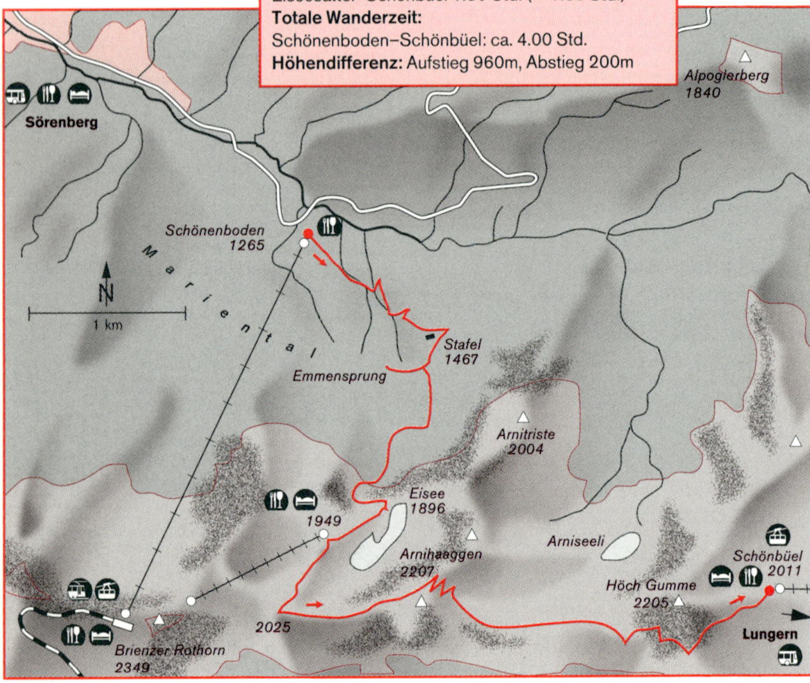

WER ES ZUM MAGIER bringen will, der Steine in Gold zu verwandeln weiss, der hat einen steilen Weg vor sich. Auch wir wählen einen anstrengenden Aufstieg, der im letzten Teil der Wanderung in einen weitsichtigen Höhenweg mündet.

Das Postauto bringt uns von Schüpfheim her zum Feriendorf **Sörenberg** und weiter zur Talstation der Luftseilbahn des Brienzer Rothorns. Natürlich könnten wir es uns leicht machen und diese Bahn benutzen. Wer wenig Zeit hat – oder sich wenig Zeit nehmen will –, soll dies tun. Wer aber früh genug im **Schönengrund** anlangt, dem sei der Weg über Rämisboden, Stafel und Stäfeli hinauf zum Eisee wärmstens empfohlen. Der Bergweg ist markiert.

Im **Rämisboden,** kurz nach unserem Start, befindet sich eine Alpkäserei mit – im wörtlichen Sinne – ausgezeichnetem Käse. Zweimal schon hat der hiesige Sbrinz einen Preis erhalten. Zwischen 35 und 40 Kühe liefern auf dieser Alp den »Rohstoff« Milch. Aus dieser Milch stellt die Käserfamilie im Laufe des Alpsommers rund 4,5 Tonnen Käse her, davon eine Tonne

Obwaldner Alpkäse und rund achtzig Stück Sbrinz. Ausserdem wird zweimal pro Woche die Ziegenmilch zu Geisskäse verarbeitet. Wer seinen Proviantsack mit einheimischem Schaffen ergänzen will, kann dies direkt auf dem Hof tun.

Im **Stafel,** der Alp direkt oberhalb des Waldes, ist in eindrücklicher Weise zu sehen, wie sich die Menschen vor den Naturgewalten zu schützen suchen: Ein gewaltiger Lawinenkeil aus Bruchsteinen bewahrt die Alphütte vor der Zerstörung durch allfällige Lawinen. Hier im Stafel mag es sein, wo unser Venediger mit seinem Gehilfen besonders emsig herumstreifte. Hier nämlich befindet sich das Quellgebiet der goldhaltigen Waldemme. Ein kurzer Abstecher zu dieser Quelle lohnt sich. Wir queren zu diesem Zweck die Alpweiden in südwestlicher Richtung und lassen uns vom Gehör leiten. Das Rauschen des **»Emmensprungs«** ist leicht zu hören. Die Waldemme hat hier zwei Quellen, von denen sich die eine innerhalb des Waldes befindet. Entgegen unserer Vorstellung von »Quelle« tritt sie allerdings nicht als sanft sprudelndes Rinnsal aus dem Boden. Die Quellnymphen haben dafür gesorgt, dass die Waldemme gleich als ausgewachsener Bach ans Licht springt und zu Tal stürzt. Man spricht hier von einer Karstquelle.

Über Sörenberg ist in der Ferne eines der grossen Karstgebiete zu sehen: die Schrattenfluh. Und im Muotatal führt uns eine spätere Wanderung in die Karstlandschaft der Silberen. Karsterscheinungen finden wir immer bei Kalk- oder Dolomitgestein. Wo Wasser in kalkigen Untergrund versickert und zusammen mit Kohlensäure bis zu 30 Gramm Kalk auf 100 Liter zu lösen vermag, können sich Höhlensysteme

Verkehrsmittel:

➔ **Schüpfheim** 717m
Eisenbahn (460)

➔ **Sörenberg** 1166m
Bus (460.60)

➔ **Brienzer Rothorn** 2349m
Luftseilbahn (2505)
Tel. 041 488 15 60

➔ **Lungern** 752m
Eisenbahn (470)

➔ **Lungern-Schönbüel**
Luftseilbahn (2520.1/2)
Tel. 041 678 14 85

Charakter:
Zuerst steile, dann gemütliche Höhenwanderung
Beste Jahreszeit:
Mitte Juni bis Oktober
Karten:
244 Escholzmatt (1:50 000)
254 Interlaken (1:50 000)
Wanderkarte Flühli Sörenberg (1:40 000)
1189 Sörenberg (1:25 000)
1209 Brienz(1:25 000)

i

Verkehrsverein Sörenberg
6174 Sörenberg
Tel. 041 488 11 85
Fax 041 488 24 85

herausbilden. Unterirdisch fliesst das Wasser über viele Kilometer. Auch der Eisee hat keinen oberirdischen Abfluss, wie wir weiter oben sehen werden. So tritt das Wasser diese Sees, vermutlich ergänzt durch weitere unterirdische Zuflüsse, erstmals oberhalb des Stäfeli zutage, verschwindet dann wieder und kommt beim »Emmensprung« erneut zum Vorschein.

Die Fortsetzung des Weges führt hinauf zum **Stäfeli** und über die Skipistenplanierungen zum **Eisee.** Dieser Bergsee ist ein beliebtes Freizeitziel für Fischer. Ein weiteres Ziel wird ebenfalls sichtbar: das Berggasthaus Eisee.

Bis zu 80 Fischer tummeln sich an schönen Wochenenden am Ufer des Sees und versuchen ihr Glück. Diesem Glück wird allerdings kräftig nachgeholfen: alljährlich wird der nötige Bestand aus der Fischzucht heraufgebracht. Mit einer Lizenz darf dann Fisch für Fisch wieder herausgeangelt und in die heimische Küche gebracht werden. Die hohe Fangquote garantiert das persönliche Erfolgserlebnis.

Wir, die wir die Bewegung dem stillen Warten am Ufer vorziehen, steigen weiter zum **Eiseesattel** auf. Hier öffnet sich der Blick ins BernerOberland und hinunter ins Haslital. Nach rechts führt der Weg hinauf zum Brienzer Rothorn, wo die Bahnen zurück nach Sörenberg oder hinunter nach Brienz bestiegen werden können. Wir wenden uns nach links und wandern in luftiger

Übernachtungsmöglichkeiten:
Sörenberg
(Zimmer und Matratzenlager); Berggasthaus Eisee (Mehrbettzimmer) Tel. 033 951 40 14;
Berggasthaus Schönbüel
(Zimmer und Matratzenlager) Tel. 041 660 49 39

Gaststätten:
Sörenberg; Eisee; Gipfelrestaurant Brienzer Rothorn; Berggasthaus Schönbüel

Besonderheiten:
Sörenberg:
Alpkäserei Rämisboden; Diverse geführte Exkursionen; Höhlenforschen; Alphornbläser-Ferienkurse; Sommer-Bob-Bahn (ca. April bis November, ausgenommen bei Regen) Tel. 041 488 15 36

Höhe und weiterhin ansteigend zum **Arnihaaggen,** dem heutigen Tagesgipfel.
Nach kurzem Abstieg gelangen wir auf dem aussichtsreichen und gut ausgebauten Höhenweg zur Bergstation **Schönbüel.** Die zwei Sektionen der Luftseilbahn Lungern Schönbüel führen hinunter ins Tal. Weit empfehlenswerter ist es jedoch, auf der Schönbüeler Sonnenterrasse die Sicht auf Wetter-, Mittel- und Rosenhorn zu geniessen, die Nacht im Touristenlager zu verbringen und am nächsten Morgen auf die Suche nach der verbannten Jungfrau in den Giswilerstöcken zu gehen. Übrigens: Wer einen gesegneten Haselstock bei sich hat, kann noch in derselben Nacht aufbrechen …

Die Alp Stafel, wo einst ein Ennetbirgischer, ein »Venediger«, mit seinem Sörenberger Gehilfen seltsame Steine sammelte.

VON DER WEISHEIT, DEN GOLDENEN STEIN ZU FINDEN – ZUR SAGE VOM VENEDIGER IN SÖRENBERG

Die Venediger sind häufige Gäste in der Innerschweiz, zumindest, wenn wir uns auf die überlieferten Erzählungen verlassen. So begegnen wir ihnen nicht nur in Sörenberg, sondern auch im benachbarten Giswil, im Muotatal, im Urnerland und – vielleicht – auch im Namen »Gross Venediger«, des Gipfels der Hohen Tauern in Österreich. Ob die Venediger wirklich aus dem weltoffenen Venedig stammten, ist unklar, denn eigentlich müssten sie dann Venezianer heissen. Für die Sagenerzähler mochte dies unbedeutend sein. Für sie kamen die Venediger aus der ennetbirgischen Fremde und schienen über ein Wissen zu verfügen, das die Hiesigen nicht hatten. Und dieses Fremde regte zu skeptischem Spekulieren an: Wissen die etwa mehr als wir? Können diese Kerle gar Steine in Gold verwandeln? Den Venedigern war nur schwer auf die Spur zu kommen. Die Sage bringt sie deshalb mit den Alchemisten in Verbindung.

Als Tüftler und Bastler, die aus Steinen oder Metallen Gold herstellen wollten, wurden die Alchemisten bezeichnet. Diese etwas naiv anmutenden Urchemiker schienen ziellos herumzuexperimentieren und brachten in ihren dusteren Laboratorien auch ab und zu ein Explosiönchen zustande – von Gold natürlich keine Spur! Die Alchemie gilt deshalb als primitive Vorstufe unserer heutigen modernen Wissenschaft der Chemie. – Das zumindest ist die Vorstellung, wie wir sie aus der Schulstube kennen.

Wenn die Alchemisten mit Steinen und Metallen hantierten und von Gold spra-

Der »Emmensprung« ist eine typische Karstquelle.

chen, so ging es ihnen primär nicht um ein äusseres Handwerk, sondern um spirituelle Vorgänge, deren Ziel das Bewusstwerden um unseren zeitlosen Lebenskern war. Der Kunsthistoriker und Orientalist Titus Burckhardt beschreibt diesen Vorgang so: »Der Mensch selbst ist das dumpfe und brache Blei (oder der Stein), das durch allmähliche Läuterung in das sonnenhafte Gold verwandelt wird; dieses entspricht dem ursprünglichen Zustand der Seele, die in der Fülle ihres überzeitlichen Lebens und Erkennens ruht.« Die Alchemisten wollten also keineswegs anhand irgendwelcher geheimer Rezepte wirkliches Gold herstellen. Sie, die ihr Tun als eine »ars regia«, eine königliche Kunst, bezeichneten, lieferten mit ihrem Gleichnis der Verwandlung unedler Metalle in edles Gold und Silber vielmehr ein Bild des inneren Vorganges. Man kann die Alchemie deshalb eine Kunst der seelischen Verwandlung nennen. Während die äussere Materie an bestimmte Trägheiten gebunden bleibt und nie zu Gold verwandelt werden kann, vermag die Seele dank ihrer Begegnung mit dem umfassenden Geist zu Vollkommenheit zu gelangen, zu »festgewordenem Licht«, symbolisiert wiederum im Gold. Die Alchemie versteht sich so als Weg, der den Menschen zur Erkenntnis seines eigenen Wesens hinführt. Sie ist vergleichbar mit der Mystik, deren Ziel das Eins-Werden mit dem Göttlichen ist. Dass die Alchemisten Vorgänge natürlicher und vor allem mineralischer Art zum Ausgangspunkt nahmen, ergab sich aus ihrer Weltanschauung, wonach die inneren, unsichtbaren und die äusseren sichtbaren Bereiche der Natur und des Menschen einander spiegelbildlich zugeordnet sind. Dieses Weltbild ist der Schlüssel ihrer reichhaltigen Symbolik, deren Verständnis ungeahnte Horizonte zu eröffnen vermag.

Wohl mag es auch unter den Alchemisten etwelche gegeben haben, die wirkliches Gold herzustellen gedachten. Das waren dann die Kohlenbrenner und Tüftler. Und damit kommen wir zurück zur Sörenberger Sage. Der Venediger erscheint uns darin als wahrer Magier und Meister der »ars regia«, der junge Sörenberger als der gutgläubige Kohlenbrenner. Dass es dem Magier gelingt, pures Gold zu gewinnen, deutet auf seine spirituell hohe Entwicklung hin. Damit verbunden ist auch jene Gutherzigkeit, mit der er den Sörenberger

Wolkenberg über der Haslitaler Wetterküche.

Von der Schönbüeler Sonnenterrasse aus geniesst man die Sicht auf Rosenhorn, Mittelhorn und Wetterhorn, bei wolkenfreiem Himmel auch auf die Berner Viertausender.

aus dem gefährlichen Bereich der mystischen Erfahrung wieder herauslotst – gefährlich deshalb, weil dieser Bereich auch dunkle Erfahrungen birgt, denen Unerfahrene nicht gewachsen sind. Das Beispiel von Goethes »Zauberlehrling« zeigt in dramatischer Weise, wie der Unerfahrene die gerufenen Geister nicht mehr los wird. Mit dem Bergspiegel »hält« der Venedigermeister ihm gleichsam »den Spiegel hin« und zeigt ihm, wo sein Herz und seine Aufgabe vorderhand zu Hause sein sollen. Und der Sörenberger ist klug genug, dem Rat des Weisen zu folgen. Wie aus tiefem Schlaf taucht er wieder auf, und die kurze Erfahrung mit der geistigen Welt hat ihn reicher gemacht. Auch er hat einen Sack Gold ge-

wonnen – Gold, das Sinnbild der Sonne und der Vollkommenheit.

Natur- und Geisteswissenschaften bildeten einstmals eine Einheit, die erst mit der Philosophie Descartes' und im Zuge des kritisch rationalen Denkens aufgespalten wurde. Mit dieser Aufspaltung verlor das ganzheitliche Weltbild der Alchemie seine Bedeutung. Aus streng wissenschaftlicher Sicht wird die Alchemie im besten Fall noch als originelle Fussnote behandelt.

Ein grandioser und gut ausgebauter Höhenweg führt uns vom Eiseesattel nach Schönbüel.

Nicht etwa mickrige Steinmännchen, sondern ausgewachsene Steintürme weisen den Weg! Ob sich darin auch goldhaltige Steine verstecken?

CAVERNA MAGICA

Die Sage von der verbannten Jungfrau im Giswilerstock.

Von Lungern Schönbüel über die Giswilerstöcke nach Turren

Geologisch betrachtet gelten die Giswilerstöcke als »Klippen«. Die Klippen, die es zur Befreiung der verbannten Jungfrau zu überwinden gilt, sind allerdings besonderer Art. Eine Rundwanderung führt uns über die Alpweiden des Obwaldner Landes.

4

Von Lungern Schönbüel über die Giswilerstöcke nach Turren · Die Sage von der verbannten Jungfrau im Giswilerstock

Die verbannte Jungfrau im Giswilerstock

Die bildhübsche junge Tochter eines reichen Giswilerbauern verliebte sich in einen »armen Teufel« und wurde von ihrem Vater um dieser ihm nicht genehmen Liebe willen verflucht. Nun sitzt die ungehorsame Tochter in einer Höhle am Giswilerstock, die durch ein schweres eisernes Tor verrammelt ist und durch ein grausiges Hundetier, dessen fleischtellergrosse Augen unheimlich sprühen, bewacht wird. Die Jungfrau sitzt nun allein und verlassen in diesem Felsenverlies auf einer eisernen, mit Gold angefüllten Truhe und harrt sehnsüchtig ihrer Erlösung. Diese kann bewerkstelligt werden, wenn ein Jüngling »liebeglühend« am Dreifaltigkeitssonntag einen Haselstock segnen lässt, in der Thomasnacht, den Haselstock in der rechten Hand tragend, sich aufmacht und weg- und lichtlos dem Giswilerstock zusteuert. Der Haselstock führt ihn auf einem noch nie gesehenen, unbekannten Wege vor das Tor der Höhle. Nun klopft er dreimal an das Tor und es öffnet sich. Die Jungfrau sitzt auf der Truhe und neben ihr kauert der grausige, zähnefletschende Hund, der aber sofort, nachdem die Schöne den Jüngling erblickt, durch ihr himmlisch-liebliches Lächeln beruhigt wird. Der Jüngling hat sich seiner Schuhe und des Hutes zu entledigen, kein Wort zu sprechen, in den drei höchsten Namen den Haselstock drei Mal um die freistehende Truhe zu tragen und sich hernach augenblicklich zu entfernen, ohne aber etwas von seinen Effekten zu vergessen. Drei Tage nachher kann er sich die Schöne mit ihrer verlockenden Mitgift als Braut heimholen.

4

Nun sitzt die ungehorsame Tochter in einer Höhle am Giswilerstock, die durch ein schweres eisernes Tor verrammelt ist.

Einmal hat ein heiratslustiger, mutiger Junge versucht, die Frau zu erlösen. Alles hat er nach Vorschrift ausgeführt, obwohl ihn das fürchterliche Hundetier zum dreimaligen Gang um die Truhe nicht sonderlich ermunterte.

Als es nun zum Fortgehen kam, war er durch die bezaubernde Schönheit und bestrickende Anmut der Jungfrau so entzückt, dass er kein Auge von ihr abwenden konnte und den in eine Ecke gestellten Haselstock mitzunehmen vergass. Da fiel ächzend das Tor zu und aus dem Innern der Höhle drang das herzzerreissende Weinen des unglücklichen, verbannten Menschenkindes. Der Weg, auf dem er gekommen, war durch Geröll verschüttet. Nach vielfach überstandenen Lebensgefahren und Todesnöten kam er nach drei Tagen wieder zu Hause an.

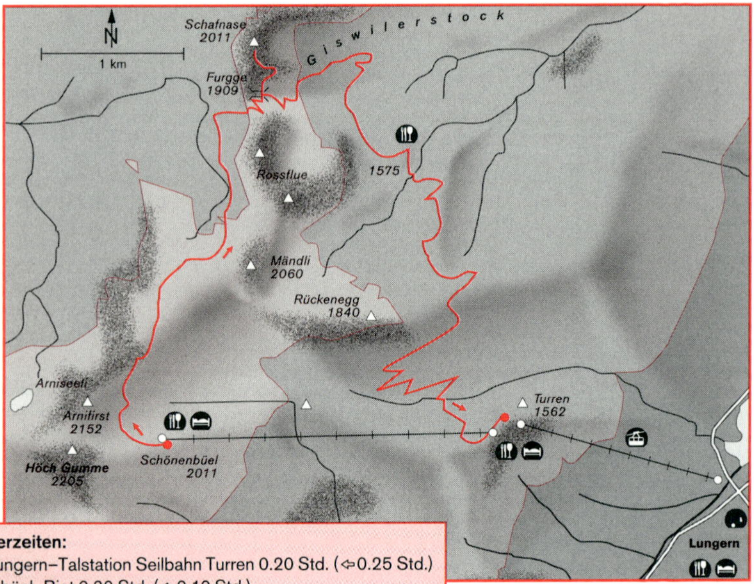

Wanderzeiten:
Bhf. Lungern–Talstation Seilbahn Turren 0.20 Std. (⇦0.25 Std.)
Schönbüel–Biet 0.20 Std. (⇦0.10 Std.)
Biet–Fontanen 0.40 Std. (⇦1.00 Std.)
Fontanen–Furgge 0.40 Std. (⇦0.20 Std.)
Furgge–Lengegg 0.45 Std. (⇦1.10 Std.)
Lengegg–Dundelegg 0.35 Std. (⇦0.25 Std.)
Dundelegg–Turren 0.40 Std. (⇦1.10 Std.)
Totale Wanderzeit: ca.3.40 Std.
Höhendifferenz: Aufstieg ca. 600m, Abstieg ca. 1050m

Lungern Schönbüel ist in erster Linie den Skifahrern ein Begriff. Die Landschaft an der Ostseite des Brienzer Rothorns bietet aber auch Wandernden reiche Möglichkeiten. Vom Bahnhof **Lungern** erreichen wir in 20 Minuten die Talstation der Luftseilbahn Turren, die uns steil über den Talkessel von Lungern hinaufschweben lässt. In Turren empfängt uns im Frühjahr und im Spätsommer ein konzertantes Kuhglockengeläut, das den ganzen Weidegrund der Alp Dundel erfüllt. Wir steigen um auf die Gondelbahn. An der Bergstation **Schönbüel** beginnt unsere Wanderung zu den Giswilerstöcken.

Wir folgen dem breiten Wanderweg, der 100 m hinter der Bergstation rechts abzweigt und in grossem Bogen nordwärts zum Grat des **Biet** hinüberführt. Ein markanter Steinturm erinnert daran, dass die Obwaldner Kantonalbank den teuren Unterhalt dieses Wanderweges mitfinanziert. Dem Wegweiser folgend Richtung Jänzimatt steigen wir auf dem imposanten Bergweg bis **Fontanen** ab, wo ein Pfad rechts die Schuttfelder hinaufweist zu den Giswilerstöcken. Zwischen Legföhren und Felsen aufsteigend, erreichen wir die **Furgge** und in weiteren 20 Minuten die **Schafnase**.

Wir stehen hier auf einem Felsberg, der geologisch betrachtet gar nicht zu seiner Umgebung passt. Wie die Mythen, das Buochser- und das Stanserhorn gehören die Giswilerstöcke zu einem ursprünglich mächtigen Deckenstapel, der von Süden herübergeschoben wurde, in den letzten 60 Millionen Jahren aber weitgehend abgetragen wurde. Die Giswilerstöcke sind lediglich ein isoliertes Überbleibsel dieses Deckenstapels und werden in der Geologensprache »Klippen« genannt. Die abgetragenen Gesteine wurden während Jahrmillionen von Flüssen und Gletschern ins Mittelland transportiert und dort unter anderem zu Nagelfluh abgelagert. So treffen wir die ehemaligen Nachbarberge der Giswilerstöcke beispielsweise auf unserer Wanderung bei Escholzmatt wieder an. Anhand dieser Ablagerungsgesteine im Mittelland lässt sich demnach rekonstruieren, aus welchem Gestein einstmals die Berge rund um die Giswilerstöcke – und selbstverständlich auch anderswo – bestanden haben.

Vom Gipfel kehren wir zurück zur Furgge. Von hier führt der Bergweg gut markiert (Markierung nicht verlassen!) weit nach Norden ausholend hinunter zur **Lengegg.** Hier irgendwo muss der Jüngling auf verborgenem Pfad zu einem eisernen Tor im Berg gelangt sein. Auf halbem Weg zur Lengegg lädt ein Waldhaus mit Brunnen und Rastplatz zum Verweilen ein … oder dient als Schutz vor einem kräftigen Regenguss.

In der Lengegg steht eine grosse Alpkäserei, die den Sommer hindurch in Betrieb ist und für durstige Gäste ein Kafi-Stübli bereithält. In der modern eingerichteten Käserei entstehen rund 12–13 Tonnen

Verkehrsmittel:
→ **Lungern** 752m
Eisenbahn (470)

→ **Lungern-Schönbüel**
Luftseilbahn (2520.1/2)
Tel. 041 678 14 85

Charakter:
Leichte Bergwanderung
Beste Jahreszeit:
Mitte Juni bis Oktober
Karten:
244 Escholzmatt (1:50 000)
Obwaldner Wanderkarte (1:50 000)
1189 Sörenberg (1:25 000)
Lungern Wanderkarte (1:25 000)

i
Kur- und Verkehrsverein Lungern-Schönbüel
Brünigstr. 105
6078 Lungern
Tel. 041 678 14 55

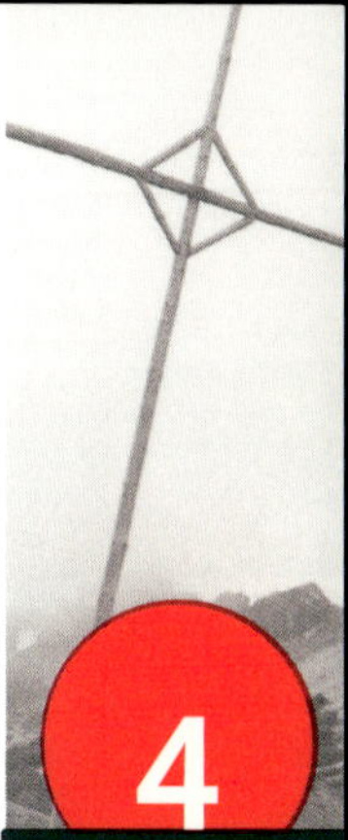

4

Von Lungern Schönbüel über die Giswilerstöcke nach Turren · Die Sage von der verbannten Jungfrau im Giswilerstock

Käse pro Sommer, vor allem Sbrinz. Um einen einzigen, rund 40 Kilo schweren Laib herzustellen, braucht es rund 500 Liter Milch. Diese Milch muss zuerst zu einem Drittel entrahmt werden, denn die Alpweiden mit ihren Kräutern sorgen für einen höheren Fettgehalt als das Gras im Tal. Rund 130 Kühe der Fluonalp, der Riebenalp und der Schwantenalp liefern täglich die benötigte Milch. Etwa 140 000 bis 150 000 Liter werden saisonal verkäst. Nicht nur der Käser und sein Käse sind hier einheimisch, auch die Kühe stammen ausschliesslich von Bürgern der Gemeinde Giswil. Wer das Bürgerrecht nicht hat, muss sein Vieh auf eine andere, etwas weniger ergiebige Alp schicken.

Die Viehwirtschaft gehört nicht nur im Obwaldnischen zur Haupttätigkeit der Landwirte. Rund ein Fünftel der schweizerischen Landesfläche kann nur als Weideland genutzt werden. In Zahlen ausgedrückt heisst dies: Auf etwa 8000 Schweizer Alpen weiden jeden Sommer etwa 380 000 Rinder und Kälber, 127 000 Kühe, 210 000 Schafe und 23 000 Ziegen. Bergbauernhöfe und Korporationen verfügen normalerweise über Land, das vom Talboden über die Maiensässe bis zu den Alpweiden über der Waldgrenze reicht. Ist das Vieh auf die Alp gezogen, so wird im Tal unten Heu und Emd für den Winter eingebracht, denn eine Kuh frisst in der kalten Jahreszeit gut und gerne 3000 Kilo Heu.

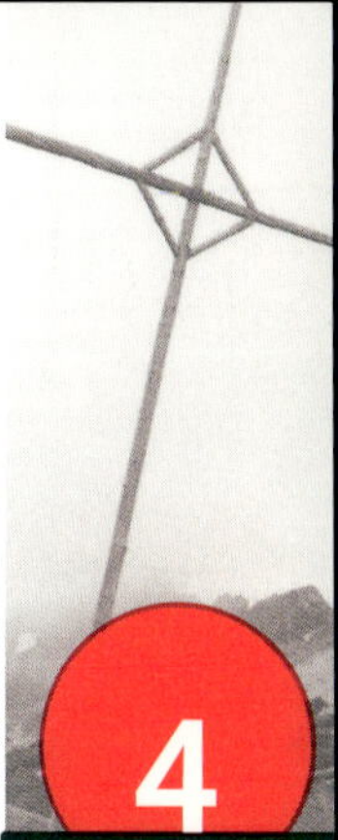

Alpabzug ist vielerorts am Bettag, wenn die ersten Schneefälle drohen und die militärischen Herbstmanöver beginnen. Wir kaufen uns ein gutes Stück vom rezenten Sbrinz und begeben uns auf den letzten Teil unserer Wanderung. Vorbei an zwei Holzschobern, die als Käselager dienen, gelangen wir via **Fluonalp** und über feuchte Rinderweiden auf die **Dundelegg** und hinunter zur Alp **Dundel.** Ein letzter kurzer Aufstieg führt uns zum Berggasthaus und zur Bergstation **Turren,** von wo uns die Bahn wieder hinunterbringt nach **Lungern.** Wer bis ins Tal hinunter wandern will, wähle von Lengegg den Weg nach Giswil oder von Dundel den Abstieg nach Lungern.

Übernachtungsmöglichkeiten:
Lungern (u.a. Schlafen im Stroh, Juni bis Oktober, Auskunft beim Verkehrsverein);
Berggasthaus Turrenhütte (Mittelstation) Tel. 041 678 17 33;
Berggasthaus Schönbüel (Zimmer und Matratzenlager) Tel. 041 660 49 39
Fluonalp (Matratzenlager) Tel. 077 43 53 14 oder 041 675 11 41

Gaststätten:
Lungern; Berggasthaus Turrenhütte; Berggasthaus Schönbüel; Fluonalp

Besonderheiten:
Lungern:
Gletschermühle an der Feldmoosstrasse;
begehbarer alter Kirchturm am Dorfeingang;
Stadlers Hofkäserei (08.30–11.00 Uhr oder auf Anfrage) Tel. 041 678 22 58;
Grütli Waldpfad (Start beim Bahnhof Lungern)
Turrenhütte:
Edelsteinausstellung
Fluonalp:
Alpkäserei

Auf dem Grat des Biet. Wie der Name vermuten lässt, bieten sich hier verschiedene Möglichkeiten für den Weiterweg.

DIE INNENWELT DES BERGES – ZUR SAGE VON DER VERBANNTEN JUNGFRAU IM GISWILERSTOCK

Der mutige Bursche in der Giswiler Sage hat keine leichte Aufgabe zu lösen. Wer ein Erlösungswerk vollbringen will, muss grosses Vertrauen haben in die unsichtbaren Kräfte, die ihn unterstützen. So muss der Jüngling nicht nur ein Wesen »liebeglühend« verehren, das er noch nie zu Gesicht bekommen hat, er muss auch eine ganze Reihe an Vorgaben peinlich genau erfüllen, um überhaupt an dieses Wesen heranzukommen. Solche Befreiungsrezepte finden wir oft in den Innerschweizer Sagen. Wer hier eine besondere Gabe, ein glückliches Leben, einen Goldschatz oder eine verbannte Jungfrau gewinnen will, muss ein ausgeklügeltes Nacheinander ritueller Handlungen verschiedenster Art einhalten und sich dabei durch nichts abschrecken lassen. Alle diese Handlungen gelten als Vorbereitung auf die eine, grosse Aufgabe. Zudem muss der richtige Zeitpunkt gewählt werden, die Thomasnacht. Christliche Tugenden wie Glaube, Liebe, Hoffnung allein reichen da nicht mehr aus. Sagen dieser Art erinnern an das Weltbild des Animismus. Im Animismus ist die Welt durch und durch beseelt. In jedem Ding, in jedem Stein, in jedem Baum, in jedem Blick, in jeder Geste liegt eine Seele verborgen, ein Animus oder eine Anima. Jedes Ding hat seine Kraft und seine Wirkung, und der Mensch ist diesem Spiel verzauberter Natur mehr oder weniger ausgeliefert ... es sei denn, er verwende die richtigen Beschwörungsformeln und Gegenstände. Zauberformeln christlicher und heidnischer Kultur werden dabei ungeniert miteinander vermengt. Der Animis-

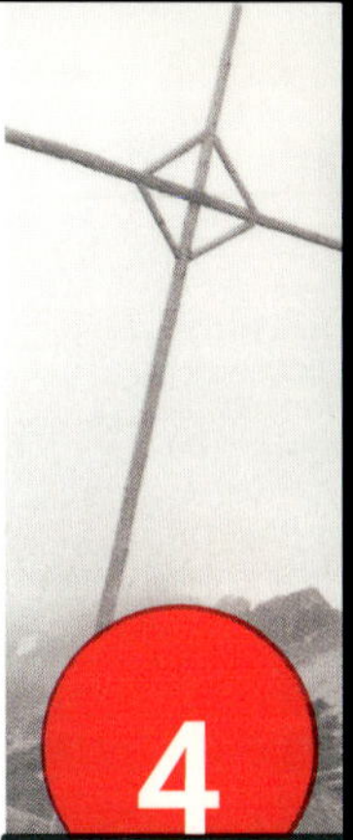

Im Anstieg zur Furgge zeigen sich die Giswilerstöcke von ihrer geheimnisvollen Seite. Eine nächtliche Annäherung, wie in der Sage, ist hier nicht zu empfehlen.

mus hat immer auch mit grossen Ängsten zu tun, denn es gibt hundert Möglichkeiten, etwas falsch zu machen, aber nur eine, etwas richtig zu tun.

Der Bursche in den Giswiler Bergen geht sein Erlösungswerk mit grosser Sicherheit an und tut – vorerst einmal – das Richtige. Er scheint gewillt zu sein, die zu einem dumpfen Höhlendasein verbannte Jungfrau zu befreien. Die Höhle ist ein ausserordentlich wichtiges Sagenmotiv. Höhlen gehören zur unterirdischen Welt. Oft sind sie der Wohnort von Erdmännchen, Berggeistern und allerlei Figuren, die dem Element Erde nahestehen. Umschlossen von »Mutter Erde«, gilt die Höhle als ein Ort, aus dem heraus etwas geboren wird. In der

östlichen Kirche wird der Stall von Bethlehem oft als Höhle dargestellt. Den Höhlen haftet deshalb etwas spezifisch Weibliches an, und es ist praktisch immer eine Jungfrau, die darin ihrer Erlösung harrt, nie aber ein Jüngling. Die Höhlen sind den Menschen nur schwer und unter Gefahren zugänglich – dies gilt sowohl in physischer wie in psychischer Hinsicht. Sie sind ein Ort der Suche nach dem Innen und der Vision.

Tiefenpsychologisch werden die Höhlen fast immer als ein Sinnbild des Unterbewusstseins verstanden. Der gefahrvolle Weg durch ihr dunkles Inneres wird in erster Linie als Suche nach Lebenssinn gedeutet. So gesehen dürfte der heiratslustige Jüngling also unterwegs sein in die verborgenen Tiefen seiner eigenen Persönlichkeit.

Dieses Unterfangen birgt einige Schwierigkeiten. Die bekannten Wege müssen verlassen werden. Wer sich schon mit dem Zugang zu seiner verborgenen Persönlichkeit befasst hat, weiss wohl, wovon die Sage hier erzählt. Sie erzählt denn auch von einem einsamen, lichtlosen Anmarsch. Der Bursche allerdings kennt die Regeln und vermag auch jene eiserne Tür zu öffnen, die vom Bewusstsein ins Unterbewusste führt. Die eigentlichen Schwierigkeiten beginnen aber erst jetzt.

Dass er sich unabsehbaren Gefahren aussetzt, belegt die Aufforderung, sich seiner Schuhe und seines Hutes zu entledigen. »Barfuss« und »barhäuptig« ist er bar jeden Schutzes von unten und oben. Gleichzeitig ist er in seinem Unterbewussten aber auch empfänglich für alles, was Erde und Himmel ihm an Erkenntnissen zu bieten haben. Der Jüngling begibt sich in die

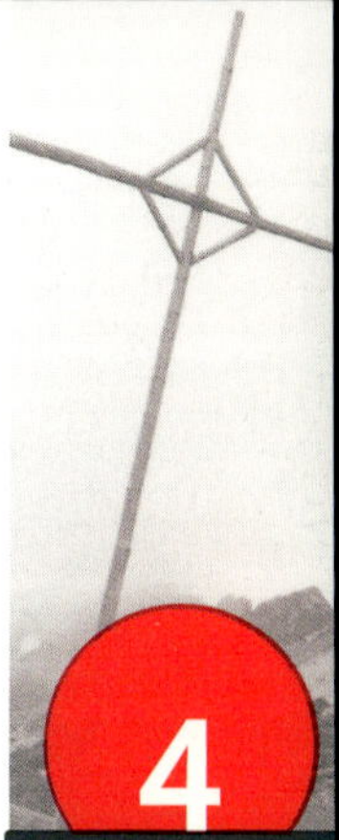

Wem das Abenteuer der Jungfernbefreiung zu gefährlich erscheint, möge zumindest das »aventure sur la paille« ausprobieren!

Zwei Holzschober mit dem typischen Vollwalmdach oberhalb der Lengegg. Sie dienen als Käselager.

wohl heikelste Situation seines Lebens, aber auch in seine chancenreichste. Da schreckt ihn sofort ein hundeähnliches Schauerwesen. In vielen Kulturen sind Heiligtümer durch Wächterhunde oder Drachen bewacht. Am Eingang der griechischen Unterwelt beispielsweise hockt der dreiköpfige Höllenhund Kerberos. In der altägyptischen Vorstellung waren die Hunde aber auch Seelenführer durchs Jenseits. Das lichtvolle Wesen, das der Jüngling zu befreien gedenkt, hilft ihm allerdings bei der Bändigung dieser dunklen Seite.

Mit der wunderschönen Jungfrau begegnet er nun offensichtlich jener Seite seines Wesens, die bis jetzt noch unerlöst war und die er nun integrieren könnte in sein Leben. Wie gross der Gewinn wäre, belegt die Schatztruhe voller Gold – Gold als Symbol der Vollkommenheit. »Jetzt nur nichts falsch machen!« möchte man ihm zurufen ... womit wir die Befreiung verspielt hätten, denn sie soll ja wortlos geschehen.

Als wichtiger Begleiter dient dem Jüngling der Haselstock. Dieser Haselstock scheint eine zentrale Rolle zu spielen, denn er führt ihn in sein Unterbewusstsein, ist aber letztlich auch jener Gegenstand, der ihm zum Verhängnis wird. Der Haselstrauch und ebenso die Haselnuss spielen in der Symbolik eine wichtige Rolle. Die Haseln gelten als erdstrahlenfühlende

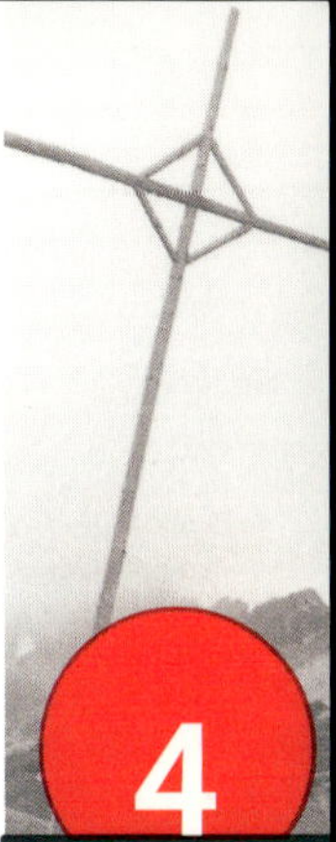

Pflanzen, und die Haselstecken werden deshalb als Wünschelruten eingesetzt. Sie stehen in nahem Bezug zu den Kräften der Erde. Von harter Schale ist der wertvolle Kern, die Haselnuss, umschlossen. In frühchristlicher Auslegung galt das Innere als die göttliche Offenbarung, die durch ihr Öl auch Licht spendet. Dieser Bedeutung muss ein zweiter Aspekt zugefügt werden: jener eines sexuellen Wunsches, auch der geheimen, verbotenen Frucht. Aus dem Rom des 2. Jahrhunderts ist der Brauch überliefert, dass Neuvermählte mit Nüssen beworfen wurden. In Frankreich werden Nüsse auch mit Kindersegen in Verbindung gebracht. Eingedenk dieser doppelten Bedeutung der Nuss kann die Rolle des

Das Land von Obwalden mit dem Sarnersee und dem Stanserhorn im Hintergrund.

Haselstockes in zweierlei Hinsicht verstanden werden: als Führer und als »gesegneter« Eros leitet er den Jüngling hin zu seiner unbewussten weiblichen Seite; der Haselstock erfüllt seine Aufgabe gut, denn der Bursche ist tatsächlich »liebeglühend«. Angesichts der bezaubernden Weiblichkeit wird aus dieser Glut aber ein verzehrendes Feuer, und der Jüngling lässt »seinen Haselstock« gleich bei der Jungfrau. War der Haselstock erst noch Ebenbild der sinnlich-erotischen Annäherung, so steht er nun für die Reduzierung auf die Sexualität. Mit dem Verlust des Haselstockes geht auch der Kontakt zur Erde verloren – in der Sage ausgedrückt durch das Wort »vergessen«. Damit verspielt der Jüngling die Erlösung, und das Tor fällt krachend zu. Auf ihn selbst bezogen mag dies heissen, dass er aus seinem Unterbewusstsein wieder auftaucht, wohl einige Erfahrungen gemacht hat, aber in seiner Entwicklung nicht wesentlich weitergekommen ist. Die Sage zeigt deutlich, wie wichtig es ist, sich von der inneren Führung nicht zu trennen.

In unserer Sage spielt die Zahl Drei eine auffällige Rolle: Angefangen bei der Dreifaltigkeit, muss auch jede Handlung dreimal ausgeführt werden, und nach der missglückten Erlösung schlägt sich der Bursche noch drei Tage lang mit allerlei Gefahren herum.

Drei gilt als die Zahl der Vollkommenheit und der Vollendung. Nicht nur im Christentum, auch in Ägypten, Indien und anderswo verehrte man dreifache Gottheiten. Bei Aristoteles symbolisiert die Drei die Ganzheit der Welt, und nach Augustinus ist die Drei die Zahl der Seele. Dreimal tauchte man den Täufling ein, um die Wandlung zum Christen zu vollziehen. Dreimal wird der heilige Gott angerufen im liturgischen Schuldbekenntnis. Unzählige Male sind es drei Brüder oder drei Schwestern, denen im Märchen drei Aufgaben gestellt werden. Die einen können für drei essen, die andern vermögen nicht bis drei zu zählen, und die Kleinen gelten als Dreikäsehoch. Und auch die Banken und die Post geben den Vergesslichen genau drei Chancen, um beim Geldbezug den richtigen Code zu tippen. Dem Dreifachen haftet eine unwiderrufliche Endgültigkeit an. Mit dreimaligen Handlungen soll deshalb auch das Erlösungswerk des Jünglings vollendet werden. Nicht umsonst sagen auch wir: Aller guten Dinge sind drei.

Die jungen Glücksbringer am Futtertrog.

Der Käser auf der Lengegg. Er bietet nicht nur ausgezeichneten Sbrinz zum Verkauf, sondern auch ein Kafi-Stübli zum Verweilen.

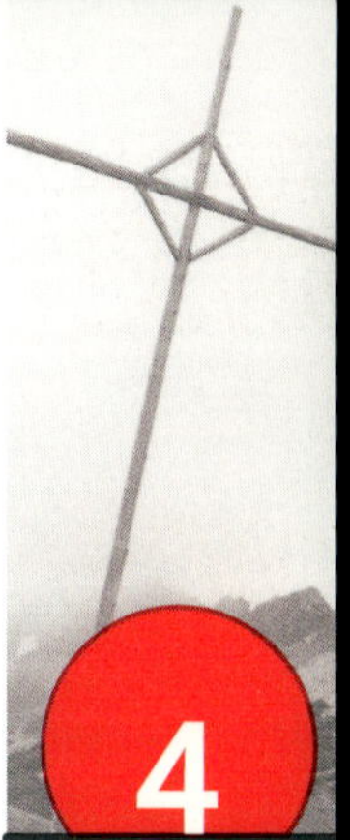

Von der Bannalp nach Engelberg

Hoch über Oberrickenbach und mit weiter Rundsicht wandern wir auf dem Höhenweg um die Walenstöcke herum. Aus fernen Tagen, in denen noch nicht jeder Kriminalfall innerhalb der Sendezeit gelöst wurde, handelt die Sage vom Veeri und seinen Verfolgerinnen.

5

Von der Bannalp nach Engelberg · Die Sage vom Hüterbuben von Oberrickenbach

Der Hüterbub von Oberrickenbach

Auf der oberen Hofstatt in Oberrickenbach sass vor Zeiten ein wohlhabender Bauer. Seine Herde, die sich sehen lassen konnte, hatte er jeden Sommer auf Sinsgau.

Ein Senn, der Kaspar, und ein Hüterbub schauten auf der Alp zum Rechten, und von Zeit zu Zeit kam auch der Bauer hinauf, um nachzusehen, ob auch wirklich alles in Ordnung gehe. Der Senn war schon viele Jahre beim Bauern. Aber der Veeri, ein sechzehnjähriges Bürschchen, war erst im Frühling gedingt worden. Der rote Veeri – so hat man ihn genannt, weil er einen Schopf gehabt hat, so rot wie das Herbstlaub der Buchen – war ein eigenartiger Bub.

Er hat merkwürdig verdrehte Ansichten und Wünsche gehabt. »Weisst du«, konnte er zum Senn sagen, »weisst du, ich wollt', ich hätte einen Haufen Geld. Einen ganzen Korb voller Krontaler und Golddublonen. Ich wollt', ich hätt's.« »Ja und dann?« fragte der Senn, »was würdest du denn damit machen?« – »Ich würde«, sagte der Veeri, »zwei der schönsten Stanser Gehöfte kaufen und würde gerade Landammann« (was etwa dem Rang eines Regierungspräsidenten entspricht). So verbrachten sie manchen Abend miteinander, und der Senn neckte den Veeri, wenn dieser gar zu hoch hinaus wollte.

Eines Tages kam wieder einmal der Meister zu ihnen herauf, schaute sein Vieh an und sagte zum Senn: »Morgen kommt der Sautreiber von Stans hier vorbei. Er will sich die jungen Ferkel anschauen. Sieh, dass alles seine Ordnung hat.« Am Abend sprach der Senn zum Veeri: »So, Veeri ... morgen kommt jetzt einer mit einer dicken Geldkatze zu uns herauf. Mit so einer, wie du schon lange gern eine hättest. Man sagt nicht umsonst: Der hat Geld wie ein Sautreiber. Die haben das ganze Säckel voll, wenn sie Schweine aufkaufen gehen.« Darauf sagte der Veeri nichts, aber hätte der Senn später nicht so fest geschlafen wie ein Murmeltier, so hätte er hören müssen, wie der Veeri sich in jener Nacht so manches Mal um und um gedreht hat.

Am andern Tag lümmelte er so herum, bis der Senn

ihn anfuhr: »Was stehst du da herum, Veeri ...? Geh, mach zu und sieh nach den Schafen und Ziegen. Die haben sich zum Tobel verlaufen. Es würde mir nicht passen, wenn sich noch eines zu Tode stürzen würde. Lauf und schau nach ihnen.«

Der Veeri lief den Tobel hinunter, wo das Kleinvieh weidete. Dort legte er sich ins Gras und träumte weiter. Er sah die schönen Berge nicht, die vor ihm standen im Morgenglanz. Neben ihm im Gras lag die Schleuder, mit der schoss er nach den Ziegen, wenn sie zu neugierig an den Rand des Tobels hüpften. Mit dieser Schleuder traf er verflixt gut. Ziegen und Schafe hatten Angst vor ihm und seinen Steinen. Aber heute hatten sie nichts zu fürchten. Heute sah er nicht nach den Tieren. Er hockte nur da und träumte.

5

Mit aller Kraft schleppt der Veeri den Toten an den Wegrand und stösst ihn ins Tobel hinunter, hört, wie die Leiche von Fels zu Fels stürzt, und wie dann plötzlich alles unheimlich still wird.

Horch, da kommen Schritte. Jemand steigt von unten herauf. Man hört einen Stock gegen Stein schlagen. Der Veeri kauert sich hin und lauert. Wer kommt? Wer ist's? Der Veeri nimmt die Schleuder in die Hand und späht. Jetzt kann er sehen, wie ein Mann durch den Wald heraufsteigt. Beim Eid, es ist der Schweinehändler. Der Veeri duckt sich tief ins Gras. Er hört, wie der Mann schnauft und seine Mühe hat mit dem steilen Weg. Jetzt bleibt er stehen.

Simm, da trifft ihn etwas an der Stirn. »Um Gottes und Maria willen!« ruft der Mann aus, wirft beide Hände in die Höhe und sackt schwer zu Boden. Wie gebannt schaut der Veeri hinunter, wartet noch einen Augenblick, und wie er sieht, dass aus der Schläfe ein Blutfaden über die Wange rinnt, zögert er nur noch kurz und reisst danach in aller Eile dem Händler die Geldkatze, die mit Geld vollgestopft ist, vom Leibe. Er läuft mit seinem Raub in den Wald, um die Geldkatze zu verstecken. Wie er zurückkommt, ist der Mann tot. Der Veeri schaut sich um, ob keiner da ist. Nein. Keine Seele weit und breit. Mit aller Kraft schleppt der Veeri den Toten an den Wegrand und stösst ihn ins Tobel hinunter, hört, wie die Leiche von Fels zu Fels stürzt und wie dann plötzlich alles unheimlich still wird.

Vierzig Jahre sind darüber ins Land gegangen. Vierzig Jahre haben aus dem Veeri einen älteren Mann gemacht. Landammann ist er nicht geworden, aber er hat Frau und Kinder, und ein schöner Hof gehört ihm. Vierzig Jahre, sollte man meinen, wären genug, um manches endgültig zu vergessen und nicht mehr darüber nachzusinnen.

In der Fasnachtszeit im Vorfrühling arbeiteten ein paar Männervölker im oberen Fellbodenwald in einem Holzschlag. »He«, ruft da einer plötzlich, »kommt, schaut mal. Was für eine Kegelkugel da herunterkommt.« Die andern kommen herbei und sehen, dass zwischen den Ästen eine Kugel liegt. Einer klaubt sie heraus, und wie er sie dreht und wendet, merkt er, dass es ein Totenschädel ist, was er da in der Hand hat…

Plumps, da fliegt etwas in die Stube hinein. »Jesses!« kreischen die Mädchen. »Jesses, was ist das nur!«

Als es an diesem Abend dämmerte, wurde es in der oberen Hofstatt lebendig wie in einem Wespennest. Alle Mädchen und Buben und Nachbarn von Oberrickenbach kamen zu einer Unterwaldner Nacht zusammen. An zwei Tischen sassen die Leute dicht gedrängt in der Stube. Das war ein Schnabulieren! Und bald wurde ein Tisch hinausgetragen, weil die jungen Leute tanzen wollten. Der Ignaz von Aennemoos und der Melker vom unteren Hof spielten zusammen zum Tanz auf. Am Tisch sassen der Hofstattbauer und ein paar Mannsvölker, darunter auch der Veeri, und hieben Karten auf die Tischplatte, dass es nur so wackelte. »Spiel aus«, ruft der Michi. »Trumpf!« ruft der Veeri. »Anneli, mach das Fenster auf, es ist heiss hier drinnen«, spricht der Vater, und das Anneli öffnet in Eile das Fenster. Der Ignaz geigt, dass es jeden Tänzer in den Zehen kribbelt und es ihn fast vom Ofensitz auflupft, und alle sind gut gelaunt und fidel.

Plumps, da fliegt etwas in die Stube hinein. »Jesses!« kreischen die Mädchen. »Jesses, was ist das nur!« – Mitten auf den Dielen liegt ein Totenschädel. Auch die Kartenspieler sind vom Tisch aufgestanden und schauen, was es da gibt. »Schaut, der Schädel fängt an sich zu bewegen!« ruft jemand. Er kollert von allein am Boden herum. Er rollt zum Buffet, dann zum Ofen hin. Die Kugel rollt rings um die Diele, und es hat den Anschein, als suche sie jemanden. Alle stehen an den Wänden. Aus dem lustigen Tanz ist ein Totentanz geworden. Und jetzt rollt der Schädel dem Veeri vor die Füsse. Der Veeri tritt zur Seite, und der Schädel rollt ihm nach. Er geht zur Kammertür, und der Schädel kommt hinterher. Er geht auf die Fensterseite, der Schädel rollt ihm nach. Jetzt wird es ihm zu dumm. Er tritt mit seinen schweren Schuhen nach dem Schädel. Der Schädel rollt wieder auf ihn zu, bis dicht vor seine Füsse. Dort bleibt er liegen.

Der Veeri ist käsbleich. Er fängt an zu zittern. Er sieht, wie aus dem Schädel Blut tropft, rotes frisches Blut. Alle Leute in der Stube stehen stumm und starren hin. Der Oberhofstattbauer geht zum Veeri und sagt: »Veeri, was das zu bedeuten hat, wirst du am besten wissen. Man braucht dich nur anzusehen.« Der Veeri schnauft schwer und sagt: »Vierzig Jahre habe ich meine Bürde getragen. Hab' gemeint, mit den Jahren würde sich das Gewissen beschwichtigen lassen. Nein, es gibt einen, bei dem verjährt nichts. Wenn's hell wird, geh ich nach Stans und stell mich dem Richter.«

5

Der Schädel rollt auf ihn zu, bis dicht vor seine Füsse. Dort bleibt er liegen.

Vier Wochen später hat im Rathaus zu Stans das Malefizgericht über den Veeri geurteilt. Am andern Tag, als die grosse Glocke der Stanser Kirche den armen Sünder mit ihrem Geläut auf den letzten Weg rief, lief viel Volk zusammen. Der Landweibel kam mit dem Veeri die Rathaustreppe herunter und übergab ihn auf der letzten Stufe dem Scharfrichter. Gerade und aufrecht ging der Veeri zwischen dem Pfarrer von Wolfenschiessen und einem Kapuziner und betete ohne Unterlass. Bei Fronhofen, wo heute der Kahlenberg steht, wartete das Volk Kopf an Kopf, und alle hatten Bedauern mit dem Veeri. Viele Frauen weinten ungeniert.

Die beiden Geistlichen beteten noch mit ihm. Der Scharfrichter verband ihm die Augen. Der Veeri kniete nieder, und wie der Scharfrichter zum Streich ausholte, da rauschte es wie Wind im Wald, weil alles Volk den Kopf senkte. Die Nidwaldner konnten es nicht mit ansehen, wie einer der Ihren mit dem Schwert vom Leben in den Tod gebracht wurde.

Wanderzeiten:
Chrüzhütte–Walegg 1.50 Std. (⇦1.10 Std.)
Walegg–Walenalp 0.35 Std. (⇦0.50 Std.)
Walenalp–Chruteren 1.20 Std. (⇦1.40 Std.)
Chruteren–Ristis 0.20 Std. (⇦0.20 Std.)
Totale Wanderzeit: ca. 3.10 Std.
Höhendifferenz: Aufstieg ca. 400m,
Abstieg ca. 500m

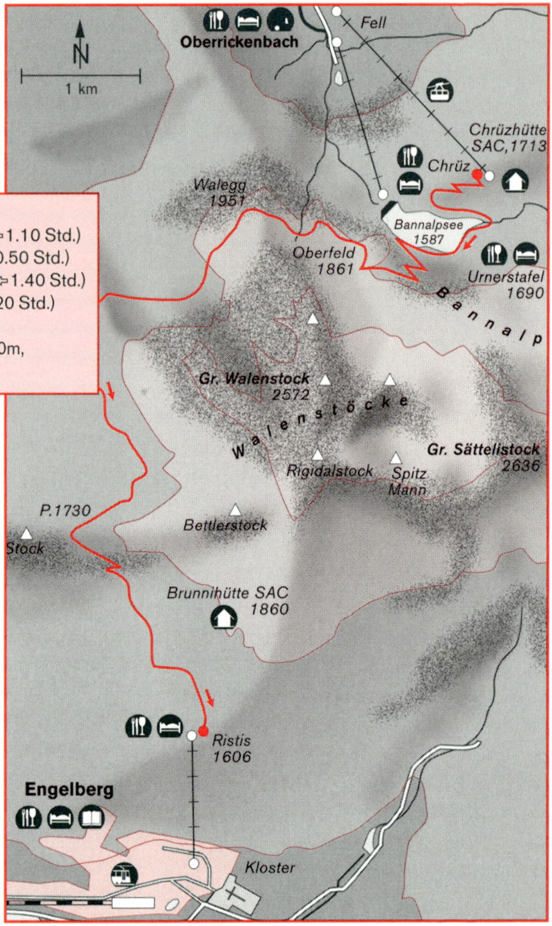

VON LUZERN oder von Engelberg her erreichen wir Wolfenschiessen mit der Bahn und anschliessend **Oberrickenbach,** fast 400 Meter höher gelegen, mit dem Postauto. Die Post fährt bis zum Fell, wo wir die Wahl zwischen drei verschiedenen Luftseilbahnen haben: die eine führt direkt zum Bannalpsee, die zweite zur Chrüzhütte, oberhalb des Sees gelegen, und die dritte, eine privat betriebene Bahn, ermöglicht auf Anfrage den Aufstieg ins Sinsgäu. Wir besteigen die mittlere, jene zur **Chrüzhütte.**

Für einmal beginnt die Sagenwanderung schon in der Luftseilbahn. Unter uns liegt der Fellbodenwald, wo die Waldarbeiter einst jenen Fund machten, der des Veeris streng gehütetes Geheimnis lüftete. Wir schweben weiter über jene steilen Felsbänder hinweg, über die der Veeri den toten

Schweinehändler hinunterstiess. Und vielleicht gehörten die Alphütten unter uns auch zu jenen Ställen, die der Senn und der Veeri zu betreuen hatten. Irgendwo, an einem dieser schmalen Pfade unter uns dürfte es gewesen sein, wo der Veeri dem Händler auflauerte ... Tief unten liegt Oberrickenbach. Wir lassen die Sage vom Veeri eine Weile ruhen und wenden uns dem prächtigen Wandergebiet der Bannalp zu.

Unsere Tour geht von der Chrüzhütte über die Walegg zum Risti oberhalb Engelberg. Diese Wanderung führt in luftiger Höhe rund um die Walenstöcke und ist durchgehend als alpiner Bergweg markiert. Sie erfordert keine besondere Ausrüstung, hingegen ist eine Portion Schwindelfreiheit durchaus zu empfehlen.

Verschieden Wege führen von der Chrüzhütte zum zickzackigen Aufstieg jenseits des Bannalpsees. Dementsprechend bieten sich auch verschiedene Möglichkeiten, sich einen Bannalper Morgenkaffee zu genehmigen: Neben der Chrüzhütte selbst stehen der Urnerstaffel und das Berggasthaus Bannalpsee zur Auswahl. Alle drei bieten auch Übernachtungsmöglichkeiten. Vielleicht aber ziehen wir dem Morgentrunk einen Besuch in der schmucken Bannalper Bergkapelle vor. Dazu wenden wir uns an der Bergstation der Luftseilbahn nach rechts, folgen dem Pfad hinunter und erblicken bald schon die Kapelle über dem See. Sie ist dem heiligen Antonius, dem Einsiedler, und dem heiligen Joseph geweiht. Letzterer wird als Fachmann die gute Zimmermannsarbeit dieses Hauses zu schätzen wissen.

Wir umwandern den **Bannalpsee,** sei es links oder rechts herum, und steigen die

Verkehrsmittel:
→ **Wolfenschiessen** 514m
Eisenbahn LSE(480)
→ **Oberrickenbach** 840m
Bus (480.20)
→ **Bannalp:**
Luftseilbahn Fell (Oberrickenbach)–Chrüzhütte (2540)
Tel. 041 628 16 33;
Luftseilbahn Fellboden (Oberrickenbach)–Bannalp (2541)
Tel. 041 628 13 57;
Luftseilbahn Fell (Oberrickenbach)–Sinsgäu,
Tel. 041 628 12 47
→ **Engelberg–Ristis–Brunni**
Luft- und Sesselbahn (2530)
Tel. 041 639 60 60

Charakter:
Abwechslungsreiche, mittelschwere Bergwanderung
Beste Jahreszeit:
Juli bis September
Karten:
245 Stans (1:50 000)
Obwalden und Engelberg (1:50 000)
Nidwalden und Engelberg (1:50 000)
1171 Beckenried (1:25 000)
1190 Melchtal (1:25 000)
1191 Engelberg (1:25 000)
Wanderkarte Engelberg (1:25 000)

i
Tourist Center
Klosterstrasse 3
6390 Engelberg
Tel. 041 637 37 37
Fax 041 637 41 56

Serpentinen hinauf zur Alp **Oberfeld** und queren auf gutem Weg die steil abfallenden Walengräben hinauf zur **Walegg.** Gut ist der See und der Talgrund mit dem Urnerstafel zu überblicken. Dort, im Urnerstafel, sticht sofort das riesenhafte Gasthaus ins Auge. Nachdem das alte Berghaus 1960 abbrannte, wurde ein Jahr später ein Neubau im damals trendigen Stil errichtet: ein dreistöckiger, feuerfester Betonbau. Fremd und hingeklotzt, wie dieser Bau wirkt, ist er doch ein Ausdruck des damaligen Zeitgeistes.

Die Walegg bietet eine ausgezeichnete Rundsicht auf die Unterwaldner Gipfel, eine Fernsicht zum Vierwaldstättersee, eine Tiefsicht ins Tal von Engelberg und möglicherweise eine vertiefte Einsicht in Sachen Wellenberg, der direkt zu unseren Füssen liegt. Westwärts steigen wir nun in den Kanton Obwalden ab zur **Walenalp.** Hier treffen wir auf den Benediktusweg. Wir folgen dieser Route, zuerst auf einer Alpstrasse, danach auf einem höhenparallelen Alpweg. Via Alp **Stafel** gelangen wir nach **Chruteren.** Auch auf dem Benediktusweg verführt die Aussicht dazu, mehr in die Ferne denn auf den Weg zu schauen: Die Hänge hinauf spiralen sich die Alperschliessungsstrassen, und über allem thront weise der Titlis. In Chruteren treffen wir auf eine solche asphaltierte Erschliessung. Hier bieten sich zwei Möglichkeiten: In einer Stunde lässt sich Engel-

berg in direktem Abstieg erreichen. Wer den einfacheren Weg wählt, wandert in 20 Minuten zur Bergstation der Luftseilbahn **Risti** und überwindet die letzten 600 Höhenmeter mit der Bahn. Sozusagen Engeln gleich schwebt man dann vom Berg hinunter über das Kloster und taucht direkt ins touristische Business ein.

Übernachtungsmöglichkeiten:
Chrüzhütte (Matratzenlager, ganzjährig offen, bewartet von Juli bis September)
Tel. 041 628 23 09 oder
Tel. 041 628 28 21;
Berghaus Heimelig,
Tel. 041 610 15 35;
Berggasthaus Urnerstafel (Zimmer und Matratzenlager, ganzjährig) Tel. 041 628 15 75;
Gasthaus Bannalpsee (Zimmer und Matratzenlager, von Mitte Mai bis Mitte Oktober)
Tel. 041 628 15 56;
Brunnihütte SAC,
Tel. 041 637 37 32;
Grafenort; Oberrickenbach; Wolfenschiessen;
Engelberg (u.a. Matratzenlager und Schlafen im Stroh, Information beim Tourist Center)

Gaststätten:
Wolfenschiessen; Oberrickenbach; Bannalp; Brunnihütte; Ristis; Engelberg

Besonderheiten:
Talmuseum Engelberg
Dorfstr. 6, (Mi bis So ab 14.00 Uhr) Tel. 041 637 04 14;
Rodelbahn Engelberg–Brunni
(Sommer und Winter bei trockener Witterung);
Brunni-Pfad:
Lebensraum Gebirge (7 km, Information an der Luftseilbahn Engelberg–Brunni Tel. 041 637 14 66);
Benediktusweg (Höhenwanderung von Brunni nach Wolfenschiessen, ca. 3 Std. oder weiter nach Dallenwil ca. 3 Std.);
Geologischer Wanderweg (von Trübsee nach Stand, ca. 1.30 Std., Auskünfte
Tel. 041 63715 24)

Früher Morgen bei der Chrüzhütte. Der Älpler hat sein Vieh mit salzigem »Gläck« versorgt.

40 JAHRE LANG VERDRÄNGEN ... 600 JAHRE LANG EINMAUERN – ZUR SAGE VOM OBERRICKENBACHER HÜTERBUBEN

Für »einfache Kriminalfälle« sind die irdischen Gesetzeshüter zuständig. Wenn diese aber überfordert sind, dann sorgen die überirdischen Kräfte für Gerechtigkeit. Die Geschichte aus Oberrickenbach zeigt, wie diese unsichtbaren Gewalten den Veeri nach Jahrzehnten noch einholen. Und es ist anzunehmen, dass sie eine Freveltat selbst nach Jahrhunderten ans Licht bringen werden ...

Der Veeri, der mit Taufname wohl Xaver hiess, ist eigentlich nicht unsympathisch. Er macht keineswegs den Eindruck eines kaltblütigen Mörders, auch wenn seine Tat alle Anzeichen eines kühl berechneten Raubmordes trägt. Es scheint ihm gar das perfekte Verbrechen zu gelingen, was ihm zumindest eine Spur Bewunderung sichert. Der Träumer vollbringt seine Untat mit nachtwandlerischer Sicherheit. Offensichtlich realisiert er deren Tragweite erst, als »plötzlich alles unheimlich still wird«. In dieser Stille huscht unversehens eine dunkle Macht in sein Herz oder in sein Gewissen. Und dieses Dunkle beginnt ihn nun zu jagen und zeitlebens zu verfolgen. In der griechischen Mythologie erscheinen diese Verfolger in der Gestalt der Erinnyen, von den Römern werden sie Furien genannt. Diese Rachegöttinnen verfolgen einen Täter ohne Unterlass. Auch mit Verdrängen und Ignorieren sind sie nicht aus der Welt zu schaffen. Meistens versuchen die Schuldigen, ihr Gewissen zu beruhigen und die angsteinflössenden Gestalten aus dem Bewusstsein zu verdrängen. Auch der Veeri ist nun schon 40 Jahre auf der Flucht

Entlang steiler Hänge führt der Weg hinauf zur Walegg. Einer Pyramide gleich ragt der Chli Sättelistock in die Wolken.

vor sich selber. 40 Jahre, diese Zahl wird gar viermal erwähnt in der Sage! 40 ist die Zahl der Erprobung und der Abgeschiedenheit. Die Sintflut dauerte 40 Tage und Nächte. 40 Tage lang wartete Moses auf dem Berg Sinai auf seine Vision. 40 Tage währte die Fastenzeit Jesu in der Einöde. 40 Jahre dauerte die Wanderschaft der Israeliten durch die Wüste. Und im Alter um 40 erwägen viele Menschen, ihr Leben nochmals grundsätzlich zu verändern. – Für den Veeri ist somit die Zeit der inneren Abgeschiedenheit vorbei. In einer fröhlichen Tanznacht wird er aufgefordert, »auszuspielen«, und er »trumpft« ein letztes Mal auf. Dann folgt ein eigentlicher Showdown. Die Furien, seine »Bürde«,

nehmen Gestalt an im Totenkopf des Schweinehändlers und verfolgen ihn nun ganz direkt. Der Veeri tut das einzig Richtige: Er blickt ihnen – nach anfänglicher Abwehr – offen entgegen und bekennt sich zu seiner Schuld. Damit könnte die Geschichte ein gutes Ende nehmen, denn wer den Rachegöttinnen aufrichtig entgegentritt, der verwandelt sie in wohlwollende Schicksalsgöttinnen. Einer solchen Entwicklung steht nun aber das gesellschaftliche Umfeld radikal entgegen.

Wenden wir uns diesem Umfeld zu. Da taucht ein sechzehnjähriges Bürschchen auf, das nicht nur recht präzis weiss, was es erreichen will im Leben, sondern das seine Gelüste auch noch äussert – und das nota-

Die Alp Stafel, am Benediktusweg gelegen, wird auch heute noch bewirtschaftet.

Die Bergkapelle auf der Bannalp ist dem Einsiedler Antonius und dem heiligen Joseph, dem Zimmermann, geweiht.

bene als besitzloser Vertreter des Bauernstandes! Natürlich besässen der Senn und jeder andere Knecht auch gern zwei Gehöfte in Stans. Allein solche Gedanken stehen den Habenichtsen nicht zu. Also werden dem Veeri verdrehte Ansichten bescheinigt. Sein jugendliches Aussenseitertum erinnert an das Schötzer Schmittenanneli oder an den Hüterbuben auf Surenen. Und selbstverständlich ist ein solcher Outsider rothaarig, denn Rot galt als die Farbe der Gewalt und des Dämonischen.

Ein Blick in die letzten 200 Jahre Geschichte Nidwaldens offenbart eine unglaubliche Zähigkeit, wenn es darum ging, neues Gedankengut zu integrieren. Der Nidwaldner Publizist Josef Flüeler vermerkt dazu: »Die Ideen der Aufklärung blieben auf eine kleinen Kreis des Patriziats beschränkt. Für eine breite Bevölkerungsschicht brach eine Welt zusammen, als die Alte Eidgenossenschaft 1798 unterging. (...) Nach dem Rückzug der französischen Truppen aus der Schweiz im Jahre 1802 kehrte man weitgehend zur vorrevolutionären Ordnung zurück. 1815 wollte eine Mehrheit in Nidwalden gar wieder die Alte Eidgenossenschaft auferstehen lassen. Als diese Idee bei den andern Ständen nicht verfing, trat Nidwalden kurz entschlossen aus der Eidgenossenschaft aus.« In der Folge drohte ein Bürgerkrieg, der nur durch die eidgenössische Besetzung einigermassen verhindert werden konnte. »Auf der Seite der Konservativen stand Nidwalden 1847 auch im Sonderbundskrieg. (...) Erst die Kantonsverfassung von 1850 brachte auf Druck der neuen Bundesverfassung von 1848 (die Nidwalden selbstverständlich abgelehnt hatte) grundlegende Neuerungen.« Grundlegende

Seit Menschengedenken wachen die schroffen Türme der Bietstöck über dem Fliessen und Treiben auf der Bannalp.

Menschenrechte mussten dem Kanton Nidwalden regelrecht aufgezwungen werden.

Vor diesem Hintergrund sturer Bewahrerei ist auch der Schluss unserer Sage zu verstehen. Auch wenn der Veeri aufrichtig und reuig ist und allseits als rechtschaffener Mann gilt... es nützt alles nichts, Blut muss mit Blut vergolten werden. Der Pfarrer und der Kapuziner predigen zwar Sonntag für Sonntag die neutestamentlichen Errungenschaften wie Gnade und Vergebung der Sünden, wenn es aber drauf ankommt, gilt das alttestamentliche Gesetz des »Auge um Auge, Zahn um Zahn«. Und auch das Volk tut nichts. Es senkt demütig den Kopf vor der Macht der Tradition, und das Bild des rauschenden Windes erinnert an ein Heer von Fähnlein, das sich getreulich nach dem Wind richtet. Obwohl niemand Veeris Tod möchte, unterziehen sich alle dem Sachzwang, dass es halt so sein müsse.

Sachzwänge verschiedenster Art sind uns allerdings heute noch wohlbekannt. Und die Wahrscheinlichkeit ist gross, dass die Rachegöttinnen auch in unserer Zeit die Frevel an Mensch und Natur nicht ungestraft lassen. So blicken wir auf unserer Wanderung immer wieder hinunter zum Wellenberg, wo in absehbarer Zeit ein radioaktives Endlager entstehen soll. Da sollen lebensbedrohende Altlasten kurzerhand für die nächsten 600 Jahre »einge-

mauert« und verdrängt werden – in gleicher Art, wie es der Veeri mit seinem »persönlichen Abfall« auch versucht hat. Man stelle sich einmal vor, die Menschen hätten vor sechs Jahrhunderten, zur Zeit des Sempacherkrieges, Abfälle hinterlassen, die uns noch heute gefährlich werden könnten! Sorgen wir dafür, dass die Missetat am Wellenberg verhindert wird … damit nicht »plötzlich alles unheimlich still wird« und danach die radioaktiven Furien über uns herfallen.

Obwohl künstlich gestaut, lädt der Bannalpsee zum stillen Verweilen ein.

UR-KRÄFTE …

Die Sage vom Greiss auf Surenen

Von Attinghausen nach Engelberg

Über den Surenenpass wandern wir auf der alten Verbindung zwischen dem Land Uri und dem Tal von Engelberg. Während Jahrhunderten herrschte Unfrieden auf Surenen. Vielleicht war es das schreckliche Greiss, sicher aber das expansionistische Uri, das die Alp lange Zeit nicht zur Ruhe kommen liess.

Die Sage vom Greiss auf Surenen

Es ist jetzt viele hundert Jahre her, da hat ein Bub die Schafe auf der Surenen »gehirtet«. Damals hat die Alp noch den Engelbergern gehört. Ab und zu hat er ein Schaf geschlachtet, und wenn er ein paar Schaffelle zusammen hatte, ist er mit ihnen gegen Urseren zu und hat sie dort gegen Käse und Ziger getauscht. Da traf er einmal ein paar Händler mit Schafen aus dem »Wälschland« (Italien). Deren Schafe haben dem Bub unvorstellbar gut gefallen, jedenfalls mehr als seine. Besonders das eine junge Schäfchen hat es ihm angetan, und er hat die Händler angeredet und sie gefragt, ob er das nicht haben könne? Aber die haben nur gelacht und gemeint: Er habe ja sowieso kein Geld und er sei doch nur ein Bettelbub! Der Surener Hirt hat aber nicht locker gelassen und so lange »gmiädet« (unaufhörlich bitten) und auf sie eingeredet, bis sie endlich nachgegeben haben. »Gut, wenn du jetzt auf der Stelle hinkniest und einen Rosenkranz betest, dann kannst du das Schäfchen mitnehmen.« Er habe ihn zwar von der Mutter einst gelernt, aber wenig geübt, hat er gemeint. Und danach hat er angefangen und ist jedenfalls irgendwie zu Ende gekommen mit seinem Rosenkranz und hat auch wirklich das Schäfchen bekommen. Überglücklich zog er mit ihm seiner Alp zu.

Von da an hat es für ihn nur noch ein Wesen gegeben,

und er hat angefangen, das Schäfchen zu verwöhnen. Es hat mit ihm zusammen essen müssen, in der Nacht hat er es zu sich ins Bett genommen, und den ganzen Tag hat es um ihn herum sein müssen. Den andern Schafen hat er nichts mehr nachgefragt. Seine Liebe zu diesem Tierchen ist so weit gegangen, dass er eines Tages dachte, es sollte doch getauft werden, schliesslich sei er es ja auch. Da zog er los über die Surener Ecke nach Attinghausen hinunter, ging dort in die Kirche hinein, hat den Taufstein aufgebrochen, das »Gsäggnet« (Weihwasser) daraus entnommen und ist mit ihm wieder gegen Surenen gelaufen und hat sein Schäfchen nach christlichem Glauben getauft.

6

Da zog er los über die Surener Eck nach Attinghausen - hinunter, ging dort in die Kirche hinein und hat den Taufstein aufgebrochen.

Oh, wenn er doch das nur nicht getan hätte! Kaum ist die Taufe vorbei gewesen, ist plötzlich ein wütender Sturm aufgekommen, und aus dem braven Schäfchen ist mit einem Mal ein furchterregendes Ungeheuer geworden. Es hat die Alphütte »z Hutlän und z Fätzä« (zu Lumpen und Fetzen) geschlagen, ist danach auf seinen Meister, den Hirtenbub, losgegangen und hat den Sakramentsfrevel auf blutige Art und Weise an ihm gerächt. Von da an hat das Ungeheuer oder Greiss, wie man ihm gesagt hat, weder Menschen noch Vieh auf Surenen geduldet. So ist die Alp den Engelbergern verleidet, und sie haben sie für ein paar Batzen den Urnern überlassen. Aber die sind auch gleich »iibelfäil« (ratlos) gewesen, bis ihnen einmal ein fremdes Männlein, das hier unterwegs gewesen ist und von dieser Geschichte gehört hat, einen Rat wusste.

Sie müssten ein silberweisses Stierenkalb nehmen und das sieben Jahre lang und jedes Jahr an einer Kuh mehr saugen lassen, bis es dann sieben Kühe seien und der Stier siebenjährig. Dann möge er das Greiss in einem Kampf schon meistern. Nach längerem Suchen haben sie dann so ein Stierenkalb gefunden. Und schon nach vier Jahren ist der Stier so stark geworden, dass sich beinahe niemand mehr zu ihm hin getraut hat, und sie haben ihn darum schon mal Richtung Surenen, auf Waldnacht hinaufgebracht, wo er in einem Stall, dem Stieren-

Stall, wie man ihm heute noch sagt, die restliche Zeit weitergefüttert worden ist. Wie die sieben Jahre vobei gewesen sind, hätte nach dem Rat des Männleins eine Jungfrau in einem weissen Kleid den Stier zu dem Greiss führen sollen. Nachdem sie da endlich eine gefunden hatten, die sich getraute, dies zu tun, sind sie in einer grossen Prozession von Attinghausen nach Surenen gezogen. Allen voraus die Jungfrau in einem schneeweissen Brautkleid und mit einem seidenen Band in den Haaren. Wie sie gegen den Stieren-Stall kommen, bleiben die andern zurück, und nur die Jungfrau geht zum Stier hinein und bindet ihn, wie vom Männlein geheissen, am Haarband an und führt ihn so in den Kampf. Der Stier, der sonst keinen mehr zu sich herangelassen hat, gehorcht dieser Jungfrau aufs Wort und lässt sich von ihr ohne weiteres über die Surener Ecke dem Greiss entgegenführen. Sobald der Stier das Greiss riechen würde, hat das Männlein noch gesagt, solle sie ihn losbinden und danach, so schnell sie könne, davonlaufen, aber sie dürfe unter keinen Umständen zurückschauen, sie möge hinter sich hören was auch immer.

6

Der Stier selber hat beim Alpbach, dem Stierenbach, wie man ihm seither sagt, gelegen.

Das Volk, in einem sicheren Abstand, wartet unter dem Eck und schaut gespannt in die Richtung, wo es den Kampf vermutet. Da geht auf einmal ein Brüllen und »Müälä« (dumpfes Brüllen) los, und eine Staubwolke steigt auf, dass man beinahe die Sonne nicht mehr sehen kann. Nur ab und zu einen weissen Fetzen vom Kleid der Jungfrau sieht man darin herumfliegen, und dann ist es auf einen Schlag totenstill. Wie sich Rauch und Staub ein wenig gesetzt haben, sind sie schauen gegangen, was auf dem Kampfplatz passiert ist.Von der Jungfrau ist weit und breit nichts mehr zu sehen gewesen. Das Greiss, vom Stier übel zugerichtet, ist tot gewesen. Der Stier selber, auch tot, ist beim Alpbach, dem Stierenbach, wie man ihm seither sagt, gelegen. Wahrscheinlich hat er nach dem schweren Kampf zu schnell daraus gesoffen. Aber vom Greiss ist die Alp danach befreit gewesen, und zum Andenken daran haben die Urner den Stier in ihr Landeswappen aufgenommen.

Wanderzeiten:
Attinghausen–Brüsti 3.00 Std. (⇦2.00 Std.)
Brüsti–Surenenpass 2.40 Std. (⇦1.45 Std.)
Surenenpass–Blackenalp 1.00 Std. (⇦1.30 Std.)
Blackenalp–Alpenrösli 1.15 Std. (⇦1.40 Std.)
Alpenrösli–Engelberg 1.45 Std. (⇦2.00 Std.)
Totale Wanderzeit:
Brüsti–Engelberg: 6.40 Std.
Höhendifferenz: Aufstieg 800m, Abstieg 1300m

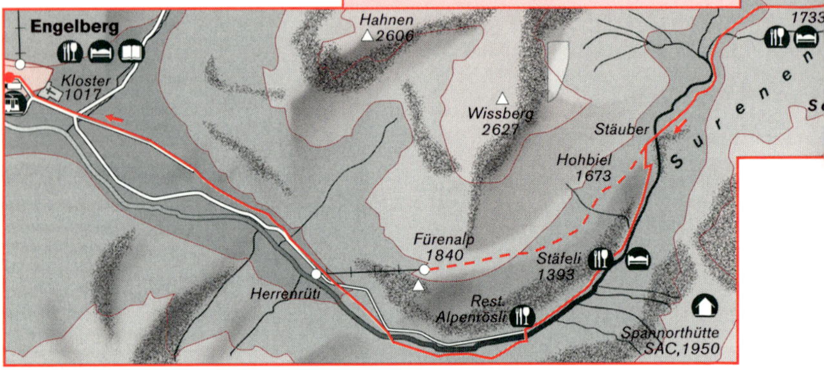

DER WEG VON ATTINGHAUSEN nach Engelberg ist lang, und wir erleichtern uns den Anstieg beträchtlich, indem wir die Luftseilbahn bis **Brüsti** benutzen. Hier, gleich zu Beginn der Wanderung, gibt es zwei Möglichkeiten: Entweder steigen wir ab zur Alp Waldnacht, wo der Uristier seine letzten drei Jahre verbrachte, oder steigen direkt über den Grat Richtung Surenen auf. Dieser Gratweg ist imposant und empfehlenswert. Wunderschön angelegt führt er über den **Geissrüggen** hinauf zum **Angistock.** Rechts hinunter fällt der Blick auf die rauhen Alpen des Gitschentales, linker Hand blicken wir auf die Waldnacht hinab. Beim Angistock dürfte es gewesen sein, wo die Urner Bevölkerung damals zurückblieb, um Jungfrau und Stier ihrem Schicksal zu überlassen. Das **Surenen-Eck** ist nun nicht mehr weit. Am Fusse des Brunnistocks führt uns der Bergweg über die Geröllfelder zur Passhöhe. Bis in den Sommer hinein können die oberen Hänge noch mit Schnee bedeckt sein. Trotzdem treiben die Urner Bauern schon Ende Juni einen Teil ihrer Rinder über den Pass. Der grösste Teil des Viehs wird allerdings heutzutage durch den Seelisbergtunnel und via Engelberg auf die Alp transportiert.

Der **Surenenpass** beschert uns einen neuen Horizont: Titlis, Wissberg und Blackenstock stehen schroff über dem weiten Grund der Surenen. Kurz unterhalb des Passes bietet eine kleine Hütte Schutz vor Wettereinbrüchen. Ein angenehmer

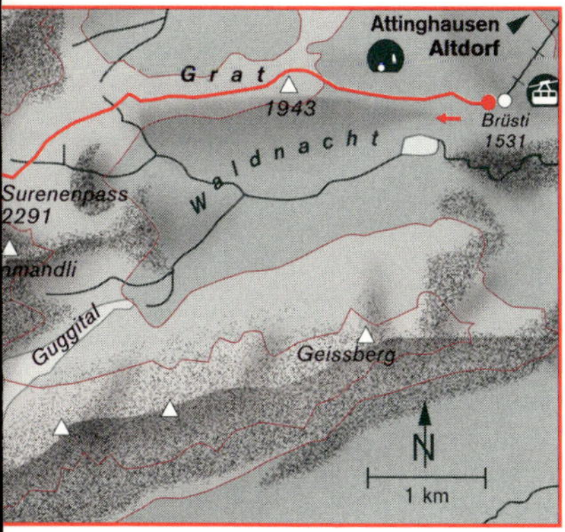

Bergweg führt hinunter zur **Blackenalp.** Hier hauste wohl das schreckliche Greiss, und hier war es, wo der Kampf mit dem Stier tobte. Heute ist wieder Friede eingekehrt, und die Alpwirtschaft bietet eine empfehlenswerte Übernachtungs- und Verpflegungsmöglichkeit. Die ganze Surenenalp gehört auch heute noch zu Uri. Sie wird mit sechs- bis siebenhundert Rindern, mit zweihundert Schafen und mit nur zehn Kühen bestossen.
Mitten in der Bergwelt steht die kleine Kapelle der Heiligen Antonius und Wendelin. Vor allem der heilige Wendelin geniesst hohe Verehrung, denn er ist der Schutzpatron der Hirten – auch des Hirtenbuben aus unserer Sage – und wird mit Schaf und Hirtenstab abgebildet. Gemäss Legende wurde er als Königssohn geboren, der aber auf den Thron verzichtete und ein stilles Leben als Hirte, Einsiedler und später als Klosterabt der weltlichen Macht

Verkehrsmittel:
➔ **Flüelen** 436m
Eisenbahn (600)
Schiff (3600)
Bus von Altdorf nach Stans (480.15)
➔ **Attinghausen** 476
Bus (600.35)
➔ **Attinghausen–Brüsti**
Luftseilbahn (2591)
Tel. 041 870 14 61
➔ **Herrenrüti–Fürenalp**
Luftseilbahn (2531)
Tel. 041 637 20 94
➔ **Engelberg–Herrenrüti**
Taxi, Tel. 041 637 00 10 oder 041 637 21 21
➔ **Engelberg** 1002m
Eisenbahn LSE(480)
(Rundfahrtbillette erhältlich, Info am Bahnhof Engelberg, Tel. 041 637 01 10)

Charakter:
Anstrengende Bergwanderung
Beste Jahreszeit:
Juli bis September
Karten:
Uri Wanderkarte (1:60 000)
245 Stans (1:50 000)
Wanderkarte Kanton Uri (1:50 000)
1191 Engelberg (1:25 000)
1192 Schächental (1:25 000)
Wanderkarte Engelberg (1:25 000)

vorzog. – Ausserden ist hier auch die Muttergottes dargestellt, und wer nicht weiss, weshalb sie auf einer Mondsichel steht, der hat die Wanderung zu den »Wasserfrauen in den Roblosen« noch vor sich. Schon 1635 wurde hier die erste Messe gefeiert, und heute noch zelebriert ein Pater des Benediktinerklosters zweimal im Sommer einen Gottesdienst.

Von der Blackenalp wandern wir hinunter zum **Stäuber.** Hier trennen sich die Wege: Entweder wählen wir die Route über Äbnet zur Fürialp und mit der Luftseilbahn hinunter in den Talboden von Engelberg; oder wir steigen direkt ab, vorbei am wilden Stäuber-Wasserfall und hinunter zum Stafel und zum **Alpenrösli.** Erst beim Alpenrösli verlassen wir Urner Boden, und das ist doch eigentlich erstaunlich. Hinter dem beschönigenden Sagenhinweis, den Engelbergern sei die Alp Surenen »verleidet«, verbirgt sich eine knallharte Expansionspolitik der Urner. Nicht nur über den Surenenpass, auch über den Klausen Richtung Glarnerland und über den Chinzigpass Richtung Schwyz haben die Urner mit Gewalt ihr Hoheitsgebiet ausgedehnt. Am Surenen drängten sie die Engelberger Bauern und das Kloster nach und nach aus ihren Gebieten und ihren Nutzungsrechten und stiessen talabwärts vor. Der Streit eskalierte um 1308, als die Urner die Hütten und Ställe der Engelberger in Nider Surenen verbrannten , deren Vieh raubten

Tourist Center
Klosterstrasse 3
6390 Engelberg
Tel. 041 637 37 37
Fax 041 637 41 56

Verkehrsverein Altdorf
6460 Altdorf
Tel. 041 872 04 50
Fax 041 872 04 51

Übernachtungsmöglichkeiten:
Attinghausen;
Berggasthaus Brüsti (Zimmer und Matratzenlager)
Tel. 041 870 10 77;
Blackenalp (Matratzenlager, nur Sommerbetrieb)
Tel. 077 42 38 05;
Hobiel/Surenen (Matratzenlager)
Tel. 077 43 08 82 oder
041 870 62 63 (Winter);
Stäfeli, Niedersurenen,
Tel. 077 43 06 09 oder
041 870 37 29 (Winter);
SAC-Hütte Spannort,
Tel. 041 637 13 56;
Engelberg (u.a. Matratzenlager und Schlafen im Stroh, Information beim Tourist Center)
Gaststätten:
Attinghausen; Brüsti; Blackenalp; Niedersurenen; Engelberg

oder gleich an Ort und Stelle schlachteten und hinunter nach Engelberg zogen, um das dortige Nonnenkloster zu plündern. Der Weidestreit um Surenen dauerte danach noch drei Jahrhunderte weiter. Verschiedentlich wurden Schiedsgerichte eingesetzt. Diese legten jeweils Kompromisse fest, so dass sich die aggressiven Eroberungen der Urner letztendlich auszahlten.
Vom Alpenrösli bleibt uns noch ein tüchtiger Fussmarsch hinunter und durch die Ebene nach **Engelberg.** Der Weg ist gut markiert, und in Engelberg bestehen stündliche Anschlüsse nach Luzern.

Auf der Blackenalp, wo einst das schreckliche Greiss wütete und der Kampf mit dem Stier tobte, ist heute Ruhe und Beschaulichkeit eingekehrt.

DIE VENUS IM ZEICHEN DES STIERS – ZUR SAGE VOM GREISS AUF SURENEN

Wieder einmal geht eine Alp verloren. Frevelhaftes Tun, Gotteslästerung und ein gehöriges Stück Naivität haben das Land am Surenenpass unbenutzbar gemacht. Den Vorwurf der Naivität muss sich der Hirtenknabe schon gefallen lassen, auch wenn er bestimmt kein leichtes Leben hat und von den Grossen verlacht wird. Schliesslich ist er es, der aus Verblendung Tiere und Weiden vernachlässigt und nur noch seinem Lamm frommt. Im alten Weltbild der Hirten gelten das parteiische Verhalten in der Tierhaltung wie auch das Verschwenden von Speis und Trank als Verfehlungen erster Ordnung. Das Motiv der Tiertaufe gehört hingegen in den Bereich der christlichen Moral und wird aus dieser Sicht als schweres Sakrileg gewertet. Für die Summe derart grober Verfehlungen reicht der christliche Strafkatalog allein nicht mehr aus. Herein bricht die Urgewalt des Dämonischen. Nur mit grossem Aufwand kann die Alp wieder erlöst werden.

Psychologisch gesehen verkörpert das Schäfchen das Animalische, das Triebhafte, im »Unschuldslamm« eben auch das Naive. Wird dieses Schäfchen gehegt und gepflegt, ohne dass die andern Schafe der Herde zu kurz kommen, dann gedeiht es durchaus zur Freude seines Besitzers. Unser Hirtenbub aber schenkt ihm die ausschliessliche und alleinige Aufmerksamkeit mit dem bekannten Resultat, dass das Animalische ihn überwältigt und zerstört. Damit aber nicht genug: Das Animalische beginnt zusätzlich die ganze Alp zu dominieren. Die Alp, immer auch Sinn-

Besonderheiten:
Attinghausen:
Kapellen St. Onophrius, zur Waldnacht und auf Blocken; Burgruine; Haus im Schwinsberg
Seedorf:
Urner Mineralien Museum (Mai bis Oktober, unterschiedliche Öffnungszeiten) Tel. 041 870 44 80;
Naturschutzgebiet Reuss-Delta;
Weg der Schweiz (zwischen Flüelen und Seedorf, ca. 1 Std.)
Engelberg:
Talmuseum Engelberg, Dorfstr. 6, (Mi bis So ab 14.00 Uhr) Tel. 041 637 04 14;
Brunni-Pfad:
Lebensraum Gebirge (7 km, Information an der Luftseilbahn Engelberg–Brunni, Tel. 041 637 14 66);
Benediktusweg (Höhenwanderung von Brunni nach Wolfenschiessen, ca. 3 Std., oder weiter nach Dallenwil, ca. 3 Std.);
Geologischer Wanderweg
(Trübsee–Stand, ca. 1.30 Std., Auskünfte Tel. 041 637 15 24)

Im Aufstieg von der Brüsti zum Angistock. Der Blick schweift hinüber zu den Urner Hochalpen.

bild der jenseitigen Welt, der Welt des Unbewussten, wird beherrscht vom Bösen. Im Verständnis der Älpler kann sich die Verfehlung eines Einzelnen auf die gesamte Lebensgemeinschaft negativ auswirken. Das ist eine durchaus realistische Vorstellung. Sie erinnert daran, wie sehr eine Idee zu einer Ideologie und zu einem allesfressenden Dämon wachsen kann und dabei das unterschwellige Bewusstsein einer Gesellschaft zu beherrschen beginnt – zum Beispiel die Idee der Nation, die zur Ideologie erhoben wird und sich zum Dämon des Nationalismus (oder des Nationalsozialismus) wandeln kann. Die Mächtigkeit solcher Dämonen darf nicht unterschätzt werden, und in unserer Sage

ist selbst der Pfarrer am Ende seines Lateins. In solchen Fällen muss die Lösung von aussen kommen, beispielsweise von einem »fremden Männlein«. Der Weg der Erlösung ist freilich lang und beschwerlich und braucht viel Vorbereitung.
Die Urkraft des Bösen kann nur mit der Urkraft des Guten überwunden werden. Hier kommen zwei Figuren ins Spiel: der Stier und die Jungfrau.
Der Stier repräsentiert eine vom Menschen ebenso respektierte wie gefürchtete Naturkraft. Er gilt als Inbegriff vitaler, maskuliner Stärke. Seine Wildheit und Zeugungskraft beeindrucken in positivem Sinne, die dumpfe Brutalität, die ihm auch zugeschrieben wird, bildet die negative Seite seines Wesens. In altsteinzeitlichen Höhlenmalereien gehört der Stier zu den Hauptmotiven. In Ägypten wurde er hochverehrt, und man liess sogar Grabmäler ihm zu Ehren errichten. Der Götterherrscher Zeus hat sich in einen Stier verwandelt, um die schöne Europa übers Meer zu entführen. Die Bedeutung des Stiers zeigt sich auch in zahlreichen Mythen, die sich mit dem Stieropfer befassen, womit der Mensch vermutlich dessen tierische Stärke zu überwinden oder auf sich zu übertragen sucht. Die Stierkämpfe auf der iberischen Halbinsel können zumindest auch unter diesem Gesichtspunkt betrachtet werden. Der Kampf mit dem Greiss endet auch für unseren Stier mit dem Opfertod. Der Schriftsteller Otto F. Walter hat das Bild der Stieropferung ebenfalls aufgegriffen, möglicherweise inspiriert durch die Innerschweizer Sagen. In seinem »Staunen des Schlafwandlers am Ende der Nacht« wohnen die Hauptdarsteller inmitten der Berge Uris dem

»Das Volk, in einem sicheren Abstand, wartet unter dem Eck und schaut gespannt in die Richtung, wo es den Kampf vermutet.«

Die sympathische Wirtin auf der Blackenalp bietet verschiedene Durstlöscher und günstige Übernachtungsmöglichkeiten an.

schaurigen Ritual einer Stierkreuzigung bei.
In unserer Sage wird die vitale Stärke des Stiers systematisch über sieben Jahre aufgebaut. Die Nahrung dazu kommt von weiblicher Seite, denn er muss von Kühen gesäugt werden – und das gleichsam sieben magere Jahre lang. Im Schrifttum der Sumerer werden sieben Dämonen genannt, die im Sternenschleier der Plejaden erscheinen. Die Plejaden befinden sich ihrerseits im Sternbild des Stiers.
Im astrologischen Tierkreis ist der Stier den Erdzeichen zugeordnet. Wer im Zeichen des Stiers geboren wurde, dem werden Eigenschaften wie Festigkeit und Bindung an Grund und Boden zugeschrieben. In der Sage ist es gerade die Aufgabe des Stiers, diese Verbindung zu Grund und Boden wieder herzustellen. In diesem Sternzeichen hat aber auch die Venus, die Liebesgöttin, ihr sogenanntes »Nachthaus«.
Die mythologische Verbindung Stier – Venus taucht ganz offensichtlich auch in der Greiss-Sage auf. Nur eine mutige Venus vermag den Stier noch zu bändigen und zu führen. Diese Frau braucht es zur Befreiung der Alp ebenso wie den Stier. Ihre Jungfräulichkeit und ihr schneeweisses Brautkleid deuten allerdings eher auf eine Hochzeit denn auf einen Kampf hin. Wir begegnen hier einem der stärksten und eindringlichsten Bilder der Innerschweizer Sagen: die weissgekleidete Jungfrau

und der Stier, unterwegs zur Surenen-Eck, Inbegriffe der vollkommenen weiblichen und männlichen Kraft, verbunden miteinander durch ein zartes seidenes Band. Nur in dieser Konstellation wird die Befreiung der Alp möglich. Dass sowohl Stier wie Jungfrau diese Befreiung nicht überleben, ist logisch. Die weissen Kleiderfetzen, die im Kampf herumfliegen, deuten in übertragenem Sinne auf die Vereinigung, die »Hochzeit« beider Kräfte hin. Daraus entsteht jene neue Kraft, die das Böse zu überwinden vermag. Die alten Einzelkräfte »Stier« und »Jungfrau« braucht es danach nicht mehr.

Dieses Geschehen erinnert in seiner archaischen Form an die Weltschöpfungsmythen, in denen aus dem allumfassenden »Chaos« durch die Vereinigung sich ergänzender Gegensätze ein »Kosmos« geschaffen wird. Dieser »Kosmos« umfasst Himmel und Erde und gilt als Voraussetzung für die Menschen, um überhaupt leben zu können.

Damit kommt die Geschichte zu einem guten Ende. Die Urner freuen sich begreiflicherweise, haben sie doch den Obwaldnern eine Alp abgeluchst und diese vom Dämon befreit. Und begreiflicherweise machen sie ihre Helden zu Wappenfiguren ... mit Ausnahme der Jungfrau natürlich. Das würde in einer patriarchalen Gesellschaft dann doch zu weit gehen, die weibliche Kraft als Vorbild im Banner zu verewigen! So ist von der Jungfrau halt »weit und breit nichts mehr zu sehen« und der Stier wird grossformatig ins Wappen gesetzt.

Auf der Alp Waldnacht soll der Uristier seine letzten drei Jahre verbracht haben.

DAS HED ÄS DÈ ABER NIMMÄ MEEGÄ LYYDÄ

Die Sage vom Seewlisee

Von Erstfeld via Seewlisee nach Silenen

Eine steile, aber kurzweilige Wanderung führt hoch über Erstfeld zum Seewlisee und hinunter nach Silenen. Die Sage vom Seewlisee erzählt von Hochmut, Frevel und tiefem Fall. Tief fällt auch der Blick hinunter ins Reusstal auf eine Verkehrslandschaft von internationaler Bedeutung, aber auch von frevelhafter Dimension für die Natur.

Von Erstfeld via Seewlisee nach Silenen · Die Sage vom Seewlisee

Die Sage vom Seewlisee

In der Seewlialp, hoch über Silenen, gerade unter den Felswänden von den beiden »Windgällä« (Berge), liegt in einer schönen Mulde der Seewlisee. Gut geschützt gegen den Nordwind und den Föhn, liegt er mit seinem dunklen Wasser, ohne sichtbaren Abfluss und ohne eine Welle, spiegelglatt da, und man könnte beinahe glauben, an diesem Ort herrsche nur Frieden und Ruhe.

Aber für die geschulten Ohren von einem Jäger oder etwa einem Geissbub ist von Zeit zu Zeit ein Pfeifen, wie es die Murmeltiere beim Warnen machen, aus seiner Nähe zu hören, und dazu ein dumpfes Krachen, wie wenn weit entfernt ein Gletscher abbrechen würde. Alle dreissig Jahre, so sagen die alten Leute, tritt der See über das Ufer. Dann bäumt sich das Wasser zu einem tosenden Wirbel auf und stürzt sich mit einem Pfeifen und Krachen über die Felswände hinunter bis ins Tal, und bringt überall Verderben und Elend. Das Efital bei Silenen legt genug Zeugnis ab von diesem unheilvollen Wirken.

Es ist die Strafe für eine grosse Sünde, die vor langer Zeit in der Seewlialp begangen worden ist. Dort hat manchen Sommer hindurch eine reiche Familie »galpet« (Alp bewirtschaften). Es ist eine prächtige Alp gewesen, die gutes und »mälchigs« (ergiebig für die Milchproduktion) Gras gehabt hat und mit den besten Kräutern im Überfluss gesegnet gewesen ist. Die Kühe haben rund um die Hütte genug zu fressen bekommen, und man hat nicht stundenlang mit ihnen in die steilsten Weiden und abgelegensten Plätze laufen müssen, wo man sie erst noch den ganzen Tag hätte hüten müssen. Auf dieser Alp ist die Milch in Strömen geflossen, und die Arbeit ist einem leicht von der Hand gegangen. Aber wie es so kommt: Mit der Zeit sind die Älpler immer übermütiger geworden und haben gemeint, sie könnten ohne den Schutz und den Segen Gottes hier oben sein und tun, wie sie wollen. Weder um Beistand noch um Dank für seine Wohltaten haben sie zum allmächtigen Gott gebetet. Am Abend sind sie ohne Betruf ins Bett, und am Morgen ohne ein gutes Wort wieder aufgestanden.

Und dann haben sie einmal ein grosses Fest gemacht und eine Menge Leute vom Tal unten zu ihnen auf die Alp hinauf eingeladen. Damit diese Gäste aber ja keinen Umweg haben machen müssen, haben sie aus den grössten Käsen und den schönsten Butterballen eine Brücke mitten über den See gemacht, und haben so die Gaben Gottes verschwendet. Sie haben den ganzen Tag gefressen und gesoffen, über den Herrgott nur gespottet und bis tief in die Nacht getanzt und den »Chaib« (Unfug) getrieben. Das hat es aber nicht mehr »meega lyydä« (leiden mögen / das war zuviel).

7

Alle dreissig Jahre, so sagen die alten Leute, tritt der See über das Ufer. Dann bäumt sich das Wasser zu einem tosenden Wirbel auf und stürzt sich mit Pfeifen und Krachen ins Tal.

Noch in der gleichen Nacht ist auf dieser Alp ein schweres Unwetter losgegangen, und von allen Seiten sind Bäche und »Riibänä« (Erdrutsche, Steinlawinen) heruntergekommen und haben alles, sei es Mensch oder Vieh, samt der Hütte zusammengefegt und in den See hineingeschwemmt. Der Wind hat das Wasser aufgepeitscht, dass es haushohe Wellen gegeben hat, und der See ist gestiegen und gestiegen, bis er auf der einzigen offenen Seite über die Alp hinaus und über die Felsen hinunter ins Tal geschossen ist und dort die schönen Matten am Efibach »ubersaaret« (mit Geschiebe, Schutt und Schlamm überdecken) hat.

Seitdem wiederholt sich das Unglück alle dreissig Jahre und erinnert so an den Frevel, der vor vielen Jahren auf der Seewlialp begangen worden ist.

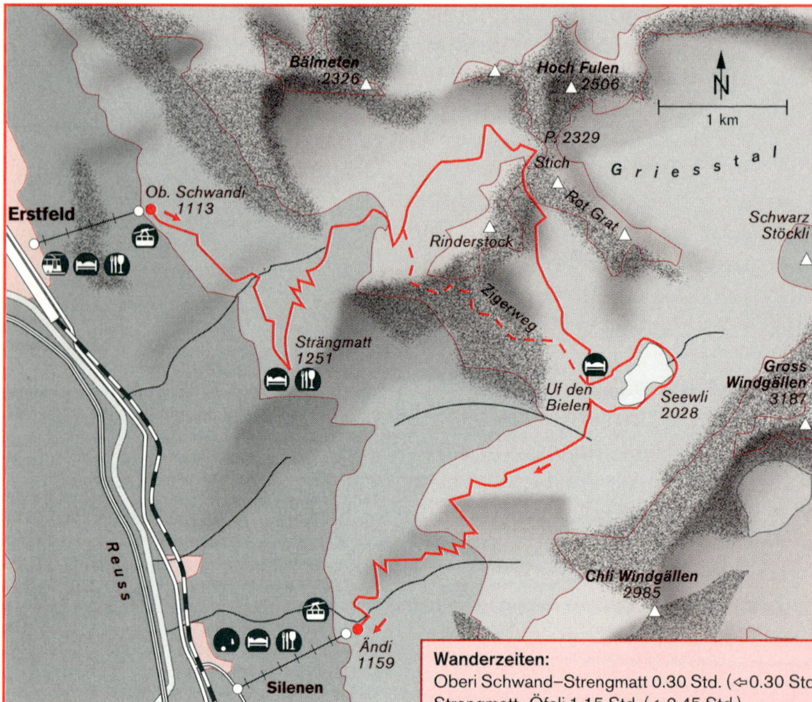

Wanderzeiten:
Oberi Schwand–Strengmatt 0.30 Std. (⇦0.30 Std.)
Strengmatt–Öfeli 1.15 Std. (⇦0.45 Std.)
Öfeli–Stich 1.40 Std. (⇦1 Std.)
Stich–Seewlisee 0.40 Std. (⇦1 Std.)
Seewlisee–westl. Riedersegg 0.30 Std (⇦0.30 Std.)
Westl. Riedersegg–Chilcherbergen
1.30 Std. (⇦2.15 Std.)
Totale Wanderzeit: ca. 6 Std.
Höhendifferenz: 1200m (Auf- und Abstieg)

ZEITIGES AUFSTEHEN lohnt sich. **Erstfeld,** der Ausgangspunkt unserer Wanderung zum Seewlisee, sollte frühzeitig erreicht sein, denn es gibt einige Höhenmeter zu bewältigen. Die Wirtschaften des Dorfes, die bereits einen Morgenkaffee anbieten, lassen wir für einmal links und rechts liegen und steuern zwischen »Hirschen« und »Bahnhof« die Schmiedegasse hinauf. In wenigen Minuten erreichen wir die Talstation der Luftseilbahn zur Ober Schwandi.

Unterwegs weist eine Tafel darauf hin, dass die Gegend bereits in keltischer Zeit besiedelt war: Italienische Bauarbeiter haben 1962 vier Hals- und drei Armringe aus Gold aus einer Tiefe von neun Metern ans Tageslicht befördert. Deren Herstellung wird auf 300 v.Chr. datiert. Dieser »Goldschatz von Erstfeld« ist heute im Schweizerischen Landesmuseum in Zürich zu bewundern. Nicht zufällig wurde er unter einem grossen Felsblock entdeckt: Die Kelten verehrten besondere Elemente der

7

Von Erstfeld via Seewlisee nach Silenen · Die Sage vom Seewlisee

Natur – markante Felsen, Bäume, Quellen, besondere Geländeformen oder eben auch einzelne Steine – als Naturheiligtümer, wo die Gottheiten wohnten und wo demnach auch Opfer gebracht wurden. An Felsen und Steinen ehrten sie in erster Linie die Wesen des Elementes Erde, »Wesenheiten«, die als gutmütige Zwerge und Kobolde in der Sagenwelt wieder auftauchen. Der entdeckte Schmuck gilt denn auch als sogenannter »Weihefund« an eine Gottheit. – Die Vorstellung, Gott könnte »in der Natur wohnen«, ist uns heute längst abhanden gekommen.

Mit der Seilbahn schweben wir hinauf zum Ober Schwandi und in die Welt der Bergbauern. Ein guter Weg führt zuerst durch die gepflegte und teils terrassierte Kulturlandschaft, dann durch den Wald zur **Strengmatt.** Kurz davor zeigt der Wegweiser links hinauf Richtung Öfelialp. Wer sich den Morgenkaffee doch noch gönnen will – wie wir –, besucht das Berggasthaus Strengmatt. Die Flurbezeichnung weist darauf hin, dass nun der anstrengende Teil der Wanderung beginnt. Vom Berggasthaus folgt man dem Pfad unterhalb des Waldes in nördlicher Richtung und erreicht wieder den Hauptwanderweg unterhalb der Alp **Ronen.** Von hier geht's hinauf zum **Öfeli,** einem halbrunden natürlichen »Amphitheater«, danach in zwei weiten Bogen über die Waldgrenze hinauf zum **Stich.** Kurz bevor der Übergang ins Brunnital erreicht wird, zweigt unser Weg rechts ab. Die Markierungen führen uns über den hellen Schrattenfels. Allsbald senkt sich der Weg und leitet uns vorbei an grossen Felstrümmern zur **Seewlialp** hinunter. Kurz danach erreichen wir den **Seewlisee** mit dem Gross Boden dahinter.

Verkehrsmittel:
➔ **Erstfeld** 472m
Eisenbahn (600)
Luftseilbahn Erstfeld–Ober Schwandi (ganzjährig)
Tel. 041 880 13 53
➔ **Silenen Dägerlohn** 510m
Bus (600.32)
Luftseilbahn Silenen–Chilcherbergen (ganzjährig, Fahrten auf Verlangen an Ort)
Tel. 077 41 23 74

Charakter:
Anstrengende, aber lohnende Bergwanderung; durchgehend markiert.
Variante »Zigerweg« nur für erfahrene Alpinwanderer und auf eigene Verantwortung.
Beste Jahreszeit:
Juli bis Oktober
Karten:
Uri Wanderkarte (1: 60 000)
246 Klausenpass (1: 50 000)
Wanderkarte Kanton Uri (1: 50 000)
1192 Schächental (1: 25 000)

i
Info Uri-Gotthard
6467 Schattdorf
Tel. 041 875 05 85
Fax 041 875 56 68

Verkehrsverein Erstfeld
6472 Erstfeld
Tel. 041 880 18 51

Für erfahrene Alpinwanderer bietet sich ein direkter Zugang vom Öfeli zum Seewlisee via **»Zigerweg«**. Dieser ausgesetzte Pfad in den südlichen Felsbändern des Rinderstocks verlangt nebst Trittsicherheit ein Flair für heikle Wegführungen sowie absolute Schwindelfreiheit. Der Pfad wird nicht unterhalten – die Begehung erfolgt auf eigene Verantwortung. Der »Zigerweg« dürfte zeitlich keine wesentliche Abkürzung sein.

Ruhig und beschaulich liegt der Seewlisee da. Die Kalkwände der Windgällen und der Aufschwung des Schwarz Stöckli spiegeln sich darin. Hinten, im Gross Boden, türmen sich die längst überwachsenen Felstrümmer eines alten Bergsturzes. Ob es dieser Felssturz war, von dem die Sage erzählt? Wir horchen gespannt, ob ein Pfeifen zu vernehmen ist …

Für die Fortsetzung der Wanderung bieten sich zwei Möglichkeiten an: Entweder steigen wir über den Seewligrat und wandern durch das Griesstal und über die Sittlisalp nach Unterschächen (Luftseilbahn), um am folgenden Tag auf dem Schächentaler Höhenweg dem »Zurrimutzi« einen vorsichtigen Besuch abzustatten. Oder wir wählen den aussichtsreichen Höhenweg zur Riedersegg, um über Chilcherbergen mit der Luftseilbahn hinunter nach Silenen zu gelangen.

Wir entscheiden uns für den Abstieg zurück ins Reusstal. Schon kurz nach der Seewlialp queren wir einen Seitenbach, der sich über eine markante Felsstufe ergiesst. Zwei Dinge sind hier besonders auffällig: die ockerbraune Farbe des Felsuntergrundes und die Tatsache, dass der Bach nicht etwa an der tiefsten Stelle die breite Felsstufe überfliesst, sondern – im Gegen-

Übernachtungsmöglichkeiten:
Erstfeld (Zimmer und u.a. Schlafen im Stroh);
Berggasthaus Strengmatt (Zimmer und Matratzenlager) Tel. 041 880 10 91;
Seewlialp (Matratzenlager) Tel. 077 41 23 74

Besonderheiten:
Erstfeld:
Jagdmattkapelle
Schneidnössli:
geologischer Aufschluss über 300 Mio. Jahre Erdgeschichte

Stimmungsvoll, aber nichts für unerfahrene Wanderer: die Felsbänder des Rinderstocks.

teil – einen schanzenartigen Wulst »gewählt« hat. Die Fachleute nennen diesen typischen Wulst Kalksinter, und das Gestein bezeichnen sie als Kalktuff. Fast alle unsere Gewässer enthalten Kalk, denn kohlendioxidhaltiges (Regen-)Wasser vermag Kalk chemisch zu lösen. Ein grosser Teil dieses Kalkes wird irgendwo wieder abgelagert, zum Beispiel auch in unseren Kochpfannen oder im Boiler. Fliesst oder tropft kalkreiches Wasser in der richtigen Menge und der richtigen Temperatur über einen Berghang, so kann eine solche Kalkausscheidung ebenfalls erfolgen (z.B. auch in Tropfsteinhöhlen). Der Bach beim Seewlisee baut sich somit sein Bett selber immer höher und höher.

Wir erreichen die **Riedersegg** und steigen dann zügig hinunter durchs Seldertal zu den **Chilcherbergen.** Wer sich den sicheren Muskelkater ersparen will, nimmt hier die Seilbahn hinunter nach **Silenen/ Dägerlohn.** Die Bahn fährt theoretisch in unregelmässigem Stundentakt, praktisch jedoch »auf Verlangen«. Der Freiluft-Vierplätzer garantiert freie Sicht auf die Gotthard-Transitroute sowie auf Er-Baulichkeiten aller Art und ist ein Erlebnis für sich. Vorbei an der Kirche gelangt man zur »Alten Post«, wo eine stündliche Busverbindung für die Anschlüsse nach Norden und Süden sorgt.

VOM ALLMÄCHTIGEN, VOM FREVELN UND VOM ÖKOLOGISCHEN DESASTER – ZUR SAGE VOM SEEWLISEE

Die Sage, die sich um den Seewlisee rankt, ist eine typische und in ihrem Ablauf häufig zu findende Geschichte eines Frevels. Frevelsagen tauchen oft in Zusammenhang mit Naturereignissen auf. Naturkatastrophen wurden im Gedächtnis des Volkes nie als rein physikalisches Zusammenspiel von lokaler Geologie, mangelnder Vegetation und viel Regen abgetan. Naturkatastrophen mussten einen tieferen Grund haben. Sie hatten immer etwas zu tun mit einem getrübten Verhältnis zwischen den Menschen und Gott. Und ähnlichwie in den Naturreligionen schienen die Menschen auch keinen markanten Unterschied zu machen zwischen »Gott« und »Natur«. Gott manifestiert sich in der Natur, auch wenn er ein christlicher Gott ist und auch wenn dies die irdischen Hüter der göttlichen Gesetze nie gern gesehen haben. So vermischt sich im Denken der Urner Bergler das ursprüngliche, ganzheitliche Naturempfinden mit den christlichen Glaubenssätzen. Mit der Sage vom Seewlisee können wir heute nachvollziehen, wie sich die Menschen die Natur als Ausdruck des Allmächtigen vorgestellt haben müssen: als eine Urkraft, die Menschen walten lässt, solange sie rechtschaffen das ihnen zugewiesene Tagwerk und die dazugehörenden Rituale (Betruf, gute Worte) ausüben, als eine Urkraft aber auch, die unerbittlich zuschlägt, wenn das Mass voll ist. Der regelmässig über die Ufer tretende See weist überdeutlich auf dieses volle Mass hin.

Der Landarzt Eduard Renner hat aus der

Über eine halbrunde Schanze stürzt der Öfibach in die Tiefe. Er baut sich diese Schanze selber immer höher und höher.

Seele der Urner ein tief verborgenes Weltbild herausgeschält, das er als »magisch« bezeichnet. Im magischen Weltbild zerfliesst jede Begrenztheit, Leib und Seele sind eine Einheit, Vergangenes, Heutiges und Zukünftiges sind es ebenso, und alle Dinge sind immer wandelbar. Die Unbeständigkeit und Wandelbarkeit aller Dinge bedroht den Menschen. Dieser Bedrohung begegnet der Mensch mit dem Bann. Die Dinge werden dadurch in ihrer bestehenden Form erhalten. Der Betruf gilt als Beispiel einer Bann-Formel und zeigt, wie sich magisches und christliches Denken kombinieren. Die vom Menschen im Tagwerk geschaffenen Dinge werden durch den Betruf auch für die dunkle Zeit seines Schlafes erhalten. Unterlässt der Mensch aber diese Bann-Formeln – wie in unserer Sage geschehen –, gewinnt die Wandelbarkeit der Dinge und damit das Unbeständige wieder die Oberhand.
Ein zweiter, noch schlimmerer Tatbestand wirft die Menschen ebenfalls aus der Obhut der Beständigkeit: der Frevel. Der Frevel ist nicht irgendeine Untat. Als Frevel gilt jedes Vergehen an den geschenkten Gaben Gottes, weil dies ein Verbrechen am »Prinzip des Lebens« selbst ist. Was bei uns heute als schweres Verbrechen gilt, Mord und Totschlag zum Beispiel, verlangt in den Sagen zwar auch nach Bestrafung, fällt aber in den Zuständigkeitsbereich weltlicher Gerichte. Die Erzählung vom Hirtenbub in Oberrickenbach mag dafür ein Beispiel sein. Was bei uns hingegen nur selten schwer wiegt, von Staates wegen meist toleriert wird und in vielen Fällen als Kavaliersdelikt gehandelt wird, nämlich die Verschmutzung der Lebensressourcen Wasser und Luft, die Ausbeu-

Steil, aber imposant führt der Weg durch Föhrenbestände hinauf zum Öfeli.

tung der Erde, die Verschwendung von Nahrungsmitteln oder das Ausrotten von Tieren und Pflanzen, sind im magischen Weltverständnis tödliche Verbrechen. Solche Vergehen enden gewöhnlich mit der Vernichtung der Täter und ihres gesamten Umfeldes. So unterlassen die Älpler der Seewlialp nicht nur die »guten Worte«, sie verschwenden auch wertvolle Speisen, und das ist eine unglaubliche Gotteslästerung. Der Kreislauf des Lebens wird dadurch verspottet. Dafür muss der ganze Mikrokosmos der Alp untergehen.
Das hat es aber nicht mehr »meega lyydä« . In diesem Kernsatz, dem wir in den Sagen der Innerschweiz oft begegnen, drückt sich die Vorstellung der Menschen von der

Natur vielleicht am deutlichsten aus. »Es« – damit ist das Unaussprechliche gemeint, das Numinose, die Allgegenwart der göttlichen Macht und des Schicksals. Das hat es aber nicht mehr »meega lyydä« – vielleicht versteckt sich dahinter auch ein bäuerliches Verständnis für ökologische Vorgänge. Denn präzis so, wie diese Frevelgeschichte konzipiert ist, läuft auch ein ökologisches Desaster ab: auf Verschmutzung und Zerstörung reagiert ein Ökosystem erst mit Zeitverzögerung. Wird ein bestimmtes Mass an Zerstörung erreicht, bricht das ganze System mit einem Schlag zusammen. So lassen sich beispielsweise die Lebensräume für Tiere und Pflanzen nicht unbegrenzt reduzieren. Wird

Die Älpler auf der Seewlialp sind immer übermütiger geworden. Auch der erhabene Anblick des Spannort hat sie nicht gottesfürchtiger gemacht.

Die schützende Maria am Wegrand. Das eiförmige Medaillon steht als Sinnbild für die Ganzheit der Schöpfung.

eine kritische Grösse unterschritten, sinkt die Artenzahl schlagartig auf Null. Auch ein See lässt sich nicht beliebig verschmutzen – erreicht die Eutrophierung mit Nitraten und Phosphaten einen kritischen Schwellenwert, so »kippt das Gewässer um«, und das Leben im See erlischt. So verläuft der Untergang der Seewlisalp auch nicht »nach und nach«, sondern in einem einzigen gewaltigen Zusammenbruch.
Wer weiss, wie lange »es« heutzutage noch »lyydä mag«: Wie stark muss das Waldsterben dem Urner Bergwald noch zusetzen, bis der Schwellenwert erreicht ist, bis er die Zerstörung nicht mehr »erleiden« mag und ganz zusammenbricht? Und wieviel Verkehr muss noch durchs Transitland Uri

rollen, bis die Bevölkerung den Lärm und den Gestank nicht mehr »erleiden« kann? Vielleicht aber wird der Grossvater seinem Enkel Ende des 22. Jahrhunderts die folgende Sage erzählen können:
Es war einmal eine Welt, in welcher die Menschen laufend neue Sachen erfanden, mit denen sie sich das Leben angenehmer gestalten konnten. Viele dieser neuen Dinge verschmutzten jedoch die Luft. Doch weil die Menschen dies nicht sehen konnten, taten sie so, als existiere das Problem gar nicht. Diese Welt wäre wohl bald an ihrem eigenen Unrat erstickt, hätte der Farbzwerg nicht existiert. Dieser nämlich besass die Gabe, die Luft einzufärben, und zwar um so dunkler, je unreiner sie war. Als die Menschen eines Tages aufwachten, um zur Arbeit oder in die Schule zu gehen, trauten sie ihren Augen nicht: Aus den Auspuffrohren der Autos und Motorräder, aus den Kaminen der kleinen und grossen Häuser und noch an vielen anderen Orten, wo man es gar nicht vermutet hätte, quoll dunkelgelber, brauner, ja sogar rotschwarzer Rauch empor. »Wir sind in Lebensgefahr!« schrien die Männer, Frauen und Kinder. »Wir müssen etwas gegen diese kolossale Verschmutzung tun«, erschallte es von überall her. Und sie taten es denn auch. Es war schon frappant, was unser Farbenzwerg in dieser Winternacht im Jahre 2001 alles ausgelöst und zustandegebracht hat.
Der kleine Enkel fand diese Sage gut, aber er meinte dazu: »Man merkt halt schon, dass es nur eine Sage ist. Ich glaube nicht, dass die Menschen erst merkten, dass die Luft verschmutzt war, als sie es sehen konnten. So blöd waren die Menschen doch nicht, oder Grossvater?«

Unterwegs in den steilen Flanken der Riedersegg.

Wer (allzu) früh im Jahr unterwegs ist, trifft beim Stich auf Frühjahrsschnee und ist vielleicht froh, einen treuen Fährtensucher dabei zu haben.

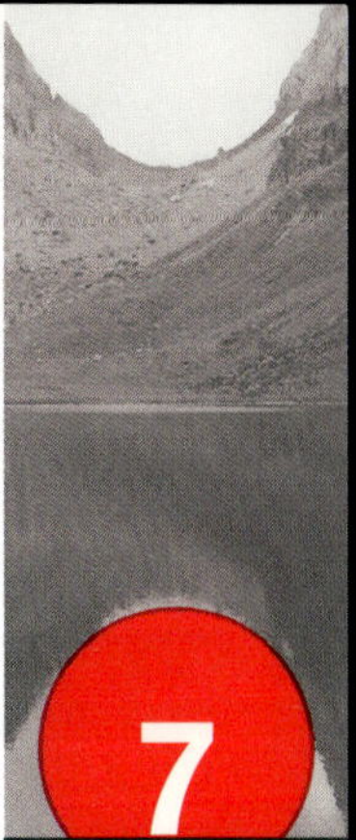

SCHIND UND SCHAND

Die Sage vom Sennentunscheli auf Wyyssebode

Vom Klausenpass nach Biel oberhalb Bürglen

Gnadenlos brutal endet die Geschichte vom Tunscheli und dem Alpsenn im Schächental – und trotzdem gehört sie zu den bekanntesten Alpensagen. Ein aussichtsreicher Höhenweg führt uns durchs Schächental zum heute gut erschlossenen Ort des Geschehens.

8

Vom Klausenpass nach Biel oberhalb Bürglen · Die Sage vom Sennentunscheli auf Wyyssebode

Das Sennentunscheli auf Wyyssebode

Den zwei Knechten und dem Senn auf Wyyssebode ist es eines Sommers offenbar zu langweilig geworden und sie haben zueinander gesagt: »Ah, wir sollten doch auch eine Frau bei uns haben.« Und dann sind sie darangegangen und haben aus Flicken und Lumpen einen »Tittitolg« zusammengeflickt, haben ihm Frauenkleider angezogen und ihm den Namen Zurrimutzi gegeben. Wenn sie gegessen haben, haben sie ihm einen Reisbrei oder die geschlagene Nidel ins Gesicht gestrichen und zu ihm gesagt: »Da, friss auch!« Und wirklich, eines Tages hat die Puppe zu essen angefangen und ist immer munterer geworden und hat sogar angefangen zu reden, aber nur mit dem Senn.

Von da an ist das Zurrimutzi für sie zur Haushälterin geworden. Es hat für sie gekocht, gewaschen und geflickt und hat ihnen sogar geholfen, das Vieh zu versorgen. Dies alles hat den dreien natürlich schon gepasst, und sie haben mit dem Tunscheli allerlei »Gugelfüär« (Scherz und Spass) getrieben und haben es abwechslungsweise zu sich ins Bett genommen.

Wie es dann aber auf den Herbst zugegangen ist, haben sie zueinander gesagt: »Der ›Toggel‹ muss dann dableiben, den nehmen wir nicht mit uns.«

Am Abend, bevor sie von der Alp gegangen sind, hat er ihnen noch geholfen, das Vieh zusammenzutreiben. Aber wie sie am nächsten Tag in aller Herrgottsfrühe mir nichts, dir nichts weggehen wollten, hat er sich in seiner ganzen Grösse vor sie hingestellt und sie angeredet: »So, den ganzen Sommer habe ich euch geholfen zu arbeiten und zu werken, und ihr habt ein ›Floonerläábä‹ (floonä: nichts tun) und euren Spass an mir gehabt. Jetzt gehört mir auch eine Freude. Ich muss freilich dableiben, aber einer von euch auch!« Da sind sie dumm drangewesen, aber es hat kein Entkommen mehr gegeben. Und so haben sie das Los gezogen und es hat sich ergeben, dass es den Senn getroffen hat. Die andern beiden hat das Tunscheli gehen lassen, ihnen aber verboten, zurückzuschauen, solange sie noch auf dieser Alp seien. Da sind die zwei losgezogen und haben den Senn alleine bei dem Tunscheli zurückgelassen. Und wie sie beim Grenzstein vorbei gewesen sind, drehen sie sich um, und da sehen sie, wie das Zurrimutzi und der Senn auf dem Hüttendach miteinander schwingen. Nach einer Weile wird der Toggel Meister über den Senn und wirft ihn vom Dach herunter. Er springt ihm nach, kniet auf ihn drauf, nimmt sein Messer hervor und »schindet« (die Haut abziehen) den Senn bei lebendigem Leib und breitet die blutige Haut auf dem Hüttendach aus.

8

Und dann sind sie daran gegangen und haben aus Flicken und Lumpen einen »Tittitolg« zusammengeflickt, haben ihm Frauenkleider angezogen und ihm den Namen Zurrimutzi gegeben.

Wanderzeiten:
Hotel Klausenpasshöhe–Unt.Balm 0.10 Std. (⇦0.15
Untere Balm–Mettenen 1.25 Std. (⇦1.40 Std.)
Mettenen–Älpli 2.00 Std. (⇦2.00 Std.)
Älpli–Biel 1.25 Std. (⇦1.30 Std.)
Totale Wanderzeit: ca. 5 Std.
Höhendifferenz: Aufstieg ca. 150m, Abstieg ca.30

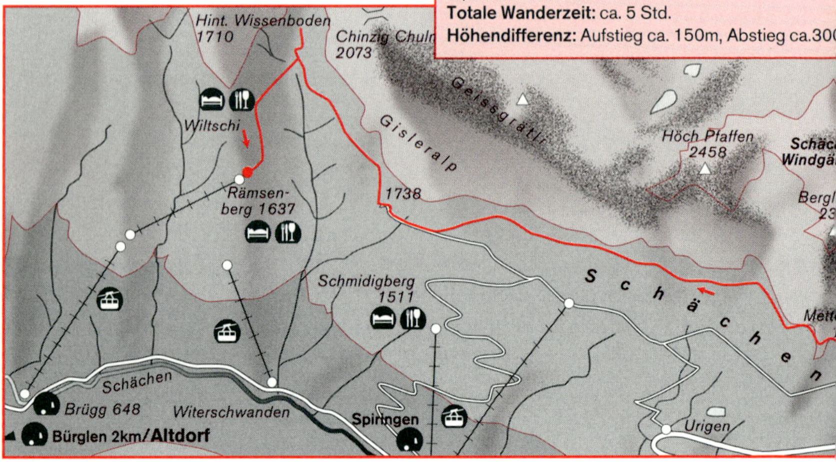

SCHAUERLICH ENDET die Sage vom Tunschi, aber trotzdem lässt sich die Wanderung vom Klausenpass durch die Alpenwelt des Schächentals risikolos durchführen. Ohne grosse Höhenunterschiede und auf meist gut markiertem Weg wandern wir talauswärts von der Passhöhe bis zur Bergstation der Luftseilbahn Biel. Die Wegzeiten sind grosszügig angegeben, damit bei sonnigem Wetter genügend Zeit fürs Panorama übrigbleibt.

In einer eigentlichen Postauto-Erlebnisfahrt erreichen wir den **Klausenpass.** Wer die Tour ohne gastronomische Stärkung angehen will, steigt am besten bei der Haltestelle **»Untere Balm«** aus. Andernfalls beginnt die Wanderung beim Hotel Klausenpasshöhe, etwas unterhalb des eigentlichen Kulminationspunktes gelegen. In zehn Minuten ist die Untere Balm erreicht. Eine gute Alpstrasse führt uns zur Alp **Heidmanegg** und beschert uns einen guten Blick hinüber zu Schärhorn und Windgällen sowie hinunter zum Stäubenfall im hinteren Schächental. Von hier folgen wir leicht absteigend einem schmalen Karrweg. Unmittelbar bevor er als Hohlweg eine Hangkante durchsticht, zweigt ein Pfad nach rechts ab (Abzweigung nicht markiert). Wir steigen diesen Pfad hinauf, folgen den Wegzeichen und gelangen danach hangparallel auf zunehmend gutem Alpweg nach **Mettenen.** Wie schon auf Heidmannegg bemerken wir auch hier, wie intensiv die Schächentaler ihre Alpen und Voralpen noch nutzen. Das Schächental gilt als naturnah erhaltene Kulturlandschaft, wie sie für die Nordalpen einstmals typisch war.

Bei Mettenen schickt uns ein Wegweiser auf den Bergweg Richtung Ratzi und Biel. Man tut gut daran, genau auf die Wegmar-

kierungen zu achten. Glücklich sind diejenigen, die gutes Schuhwerk tragen, denn die gelegentliche Mischung aus Viehweg, Staunässe und Kuhfladen ist nicht allseits beliebt. Durch den Hegewald und den Äbneter Wald erreichen wir das **Älpeli.** In dessen Nähe zweigen wir nicht nach Ratzi ab, sondern halten uns an die Zielvorgabe Biel. Auf einer breiten Alperschliessungsstrasse öffnet sich der Blick hinunter nach Altdorf. Über **Obflüeh** erreichen wir die **Unter Gisleralp.** Gegenüber liegen nun die Weiden des Wyyssebode, am Fusse des Chinzig-Passes, wo sich eine der zahlreichen Sennentuntschi-Versionen zugetragen haben soll. Abgelegen sind diese Alpen heute nicht mehr, denn nebst der Fahrstrasse sorgt auch die Luftseilbahn Brügg–Biel für eine gute Erschliessung. Und das Gebiet ist teils ganzjährig bewohnt und belebt: zwölf Kinder wachsen

Verkehrsmittel:
→ **Flüelen** 436m
Eisenbahn (600)
Schiff (3600)
Luftseilbahn Flüelen–Eggbergen (2592, ganzjährig)
Tel. 041 870 15 49;
Luftseilbahn Kohlplatz–Giebel (ganzjährig), Tel. 041 870 63 72
→ **Klausen Passhöhe** 1952m
Bus (600.29)
→ **Spiringen** 926m
Bus (600.29/30)
Luftseilbahn Spiringen–Ratzi (ganzjährig) Tel. 041 879 12 32;
Luftseilbahn Spiringen–Tristel (Jetonbetrieb) Tel. 041 879 13 22
→ **Bürglen** 552m
Bus (600.29/32)
Luftseilbahn Brügg–Biel (2593, ganzjährig) Tel. 041 870 26 35;
Luftseilbahn Brügg–Ruegig (ganzjährig) Tel. 041 870 58 08

Charakter:
Ganztägige Höhenwanderung
Beste Jahreszeit:
Juli bis Oktober
Karten:
Uri Wanderkarte (1:60 000)
246 Klausenpass (1:50 000)
Wanderkarte Kanton Uri (1:50 000)
1192 Schächental (1:25 000)

i
Info Uri-Gotthard
6467 Schattdorf
Tel. 041 875 05 85
Fax 041 875 56 68

derzeit hier oben auf und besuchen täglich die Schule im Tal. Nicht schlecht sei es, meint die Wirtin des »Edelweiss«, wenn die Kinder ins Tal müssten, damit sie etwas in die Welt hinauskämen …
Wer von hier weg den Schächentaler Höhenweg zu Ende gehen will, kann in gut anderthalb Stunden zur Bergstation der Luftseilbahn Eggbergen gelangen, die nach Flüelen hinunterführt. In einer runden halben Stunde lässt sich aber auch die Luftseilbahn Brügg – Ruegig erreichen. Der direkte Abstieg führt uns zu Gasthaus und Bergstation **Biel.** Mit der Bahn schweben wir hinunter zur Klausenpassstrasse, von wo gute Busanschlüsse nach **Altdorf** und **Flüelen** bestehen.

Übernachtungsmöglichkeiten:
Klausenpasshöhe (Zimmer und Matratzenlager, Mitte Mai bis ca. 20.Oktober) Tel. 041 879 11 64;
Berggasthaus Ratzi (Zimmer und Matratzenlager)
Tel. 041 879 12 30;
Berggasthaus Biel (Zimmer und Matratzenlager)
Tel. 041 870 25 44;
Skihaus Edelweiss (Zimmer und Matratzenlager)
Tel. 041 870 26 62;
Schächental; Spiringen; Bürglen; Altdorf; Flüelen

Gaststätten:
Klausenpasshöhe; Biel; Spiringen; Bürglen; Altdorf; Flüelen

Besonderheiten:
Bürglen:
Tell-Museum (täglich von Ende April bis Mitte Oktober)
Tel. 041 870 41 55;
Tells-Kapelle; Tell-Brunnen; Pfarrkirche
Altdorf:
Historische Altstadt; Telldenkmal; Historisches Museum; Suworowhaus; Frauenkloster

DIE VERLORENE UND DIE GEWONNENE SEELE – ZUR SAGE VOM SENNENTUNSCHELI AUF WYYSSEBODE

Die Geschichte vom Sennentunscheli zählt zweifellos zu den bekanntesten und meisterzählten Sagen der Schweiz. Vor gewaltiger Bergkulisse zerren elementare Urkräfte an der Seele des Berglers: das Einsame und die Eintönigkeit des Alpsommers, die Eingebung, eine Puppe zu basteln, das Tierische des Fressens und das Triebhafte der Unzucht, die Verwandlung von totgeglaubter Materie in ein lebendiges Wesen, das Wachsen des Grauens und schliesslich der grausame Tod.
Der Volkskundler Gotthilf Isler hat die

Ausblick vom Schächentaler Höhenweg auf die Matten oberhalb Spiringen.

Das verträumte Brunnital auf der andern Talseite.

Sennenpuppensage in einem umfassenden Werk aufgearbeitet. Er hat gegen 100 Varianten dieses Motivs zusammengetragen. Isler versteht die Sage, im Sinne der Psychologie C. G. Jungs, in erster Linie als Ausdruck der unbewussten Psyche. Die folgenden Ausführungen basieren weitgehend auf Islers Publikation.

Allein im Kanton Uri gibt es über 30 Variationen der Sennenpuppen-Sage. Wir finden sie aber auch im Berner Oberland, im Wallis, in den Kantonen Graubünden und St.Gallen, ferner in Liechtenstein, Vorarlberg, Tirol, im Salzburgerland und im italienischen Südtirol. Was in unserer Sage »Tunscheli« oder »Toggel« genannt wird, heisst andernorts »Tolgg«, »Tunggel«,

»Tschungg«, »Ditti«, »Poppä«, »Puppa«, »Boppen«, und im Wallis ist es gar ein »karjosgikleidots Wibsbild« – also eine kurios gekleidete Frau. Und in manchen Erzählungen wird die Puppe auch noch getauft, und man verleiht ihr einen Namen, Hansäli zum Beispiel oder Maria. Man stelle sich vor: Eine derbe Puppe aus Holz und Stroh, zusammengeflickt aus Lumpen und Fetzen, trägt den Namen der unbefleckten Mutter Gottes! Das ist ein Sakrileg ersten Ranges!

Die Einsamkeit auf dem Wyyssebode ist eine günstige Voraussetzung, um für die Welt der Geister empfänglich zu werden. Es sind die Älpler selber, die sich, aus Langeweile und weil ihnen »etwas« fehlt, ein jenseitiges Wesen erschaffen. Sie tun dies mit handwerklichem Geschick und einer guten Portion Kreativität. Sie beabsichtigen aber keineswegs, etwas Ernsthaftes zu tun, geschweige denn, irgendwelche Geister zu rufen. Ohne grosses Überlegen objektivieren sie ihre Wünsche nach einer Frau und nennen das Ding »Zurrimutzi« – so hiessen im Schächental die den Menschen dienenden Naturwesen, die auch Wildmädchen oder Heidenmädchen genannt wurden.

Allerdings haben sie nicht erwartet, dass das Zurrimutzi lebendig würde und gar eine gewisse Selbständigkeit an den Tag legen könnte. Diese Verwandlung totgeglaubter Materie in ein lebendes Wesen erfüllt sie mit einigem Schrecken. Trotzdem fällt es ihnen nicht ein, den Umgang mit ihm zu überdenken oder gar zu verändern. Im Gegenteil, sie gewöhnen sich an die neue Situation und hoffen, sich am Ende doch irgendwie aus der Affäre stehlen zu können.

Unmittelbar vor unserem Wanderziel liegt etwas oberhalb des Weges die Alp Vorder Wyyssebode. Hier soll sich die Schandtat der Älpler und die Schindtat des Sennentunscheli zugetragen haben.

Das Bildstöckli auf dem Weg zur Heidmanegg erinnert daran, dass in manchen Erzählungen die Sennenpuppe getauft wurde und die Hirten ihr den Namen der Mutter Gottes verliehen: Maria.

Dieser Umgang mit dem Zurrimutzi erscheint uns zweischneidig: Auf der einen Seite lassen sie das Zurrimutzi mitessen, füttern es mit den besten Speisen und schätzen es als Arbeitskraft. Auf der andern Seite verachten sie es, haben ihre »Gugelfüär« mit ihm und benutzen es zur sexuellen Befriedigung. Das Zurrimutzi wird zur geschätzten Haushälterin und zur verachteten Hure. In positiverem Sinne ausgedrückt, wird es zur Mutter und zur Geliebten. Beide Ur-Figuren stehen den Älplern buchstäblich Tag und Nacht zur Verfügung, und das »hat den dreien natürlich schon gepasst«.

Das Zurrimutzi spricht nur mit dem Senn. Die grausame Strafe trifft gerade ihn mit voller Wucht. Die zwei Knechte, die sich etwas zurückhaltender geben, in vergleichbaren Sagen gar als Warner auftreten, werden gerade noch verschont.

Vieles deutet darauf hin, dass auch die Wysseboden-Sage psychische Wahrheiten thematisiert: Die Geisterwelt in der Sage entspricht dem Unterbewusstsein des Menschen. Dem Verhältnis des Sennen zu seiner Puppe kommt daher besondere Bedeutung zu.

Folgen wir Gotthilf Isler, so geht es nicht um die Herstellung einer Frauenpuppe, sondern um die Projektion eines Teils des Unbewussten nach aussen. Der Senn projiziert seine eigene weibliche Seite in die Figur des Tunscheli, und dieses wird umgekehrt zum Abbild seines weiblichen Unbewussten. Mit der Herstellung der Puppe gibt er seinem eigenen Wesen Ausdruck. In diesem Sinne ist das Tunscheli Teil seiner Seele, ohne dass er es ahnt. Dies mag die Faszination erklären, mit der die Älpler ihre Puppe umsorgen. Sie nehmen ihre

Eine naturnahe Bachverbauung weist auf die Gefahr der Hochwasser im Schächental hin. Innerhalb weniger Minuten können harmlose Rinnsale zu tosenden Wildbächen ansteigen.

weibliche Seite ernst, denn sie setzen sie zu sich an den Tisch. Andererseits aber stehen sie nicht zu ihr, indem sie sie zur gefügigen Hure degradieren und am Ende des Sommers auf der Alp zurücklassen wollen. Die Verachtung und die Ignoranz, die sie ihrer weiblichen Seite entgegenbringen, führt sie schliesslich ins Verderben. Sie unterschätzen deren Naturkraft bei weitem. Sie haben sich allein von der triebhaften Seite dieser Naturkraft beherrschen lassen. Die Auseinandersetzung mit dem Unbewussten, dargestellt im Kampf auf dem Dach, ist eben eine gefährliche Sache. Der Senn wird vom Unbewussten überwältigt.

Die Strafe des »Schindens« ist ebenfalls ein verbreitetes Motiv. Dessen Deutung bleibt

spekulativ. Die Haut verleiht dem Menschen sein Äusseres und gibt ihm sein individuelles Aussehen. Mit dem Häuten verliert er – in übertragenem Sinne – seine Persönlichkeit, in diesem Fall an den dunklen Bereich des Unbewussten. Vielleicht auch – so ein anderer Gedanke – wird dem Senn sein Äusseres genommen, weil er sich selber zu sehr mit äusseren, triebhaften und oberflächlichen Dingen beschäftigt hat. Möglicherweise aber steht das Schinden in einem ganz anderen, weit positiveren Zusammenhang: in verschiedenen Mythologien wird das Abhäuten als Bild der Wandlung vom Schlechten zum Besseren verstanden. Auch Tiere häuten sich, Schlangen zum Beispiel, im Sinne der Verjüngung und des Wachstums.

Die Geschehnisse auf Wyyssebode und die drakonische Schindstrafe vermitteln jedenfalls eine klare Botschaft: So, wie es diese Älpler treiben, geht es nicht. Wer in der Einsamkeit der Alp seinen Phantasien zu sehr nachgibt, der wird zugrundegerichtet! Damit kommen wir zur Moral:

Auch in anderen Versionen der Tunschi-Sagen haben die auftretenden Warner, umgeben von einer Schar »rechter Männer«, nie eine Chance. Versteht sich die Sage also allein als ein Plädoyer zugunsten der Gottesfürchtigen und verlachten Tugendbolde? Wenn dem so wäre, so würde dies nicht nur die predigende und moralisierende Geistlichkeit erfreuen. Indirekt hiesse dies auch: »Lassen wir die Finger vom Unterbewussten, bescheiden wir uns im Alltäglichen und Hergebrachten, vermeiden wir Experimente und Risiken.« Dies wäre zwar ein gangbarer Weg, aber auch ein Weg der Resignation. Bleibt also nur die Flucht ins Tal, der Bittgang zum Pfarrer oder das Geschundenwerden?

Im Schächental finden wir eine naturnah erhaltene Kulturlandschaft, wie sie in den Nordalpen einst verbreitet war. Geprägt wird dieser Landschaftstyp in erster Linie durch die Viehwirtschaft.

Episode am Wegesrand.

30 Versionen der Sennentunschi-Sage gibt es im Urnerland, aber nur eine zeigt eine Alternative:

»... Als die beiden Brüder im Herbst zu Boden fahren wollten, sagten sie zueinander: ›Was wem-mer etz mit dem Ditti machä?‹ Aber der eine hatte sich schon bald ausbesonnen und meinte: ›Ä, das Ditti nähmet mier mid-is!‹ Und er machte Ernst. Er holte einen Korb, tat wacker Heu hinein, bettete dem Ditti schön an und setzte es hinein. Dann nahm er den Korb auf den Rücken und trottete mit seiner Last hinter dem Sennen her zu Tal. Als sie daheim anlangten und sich mit dem Vieh dem Gaden näherten, da ging die Gadentüre von selber auf. Während der eine das Vieh stallete, ging der andere, mit dem Korb auf dem Rücken, zum Hause, und wie er den obersten Stiegentritt erreichte, öffnete sich die Haustüre von selbst. Er trat ein, stellte den Korb ab und nahm die Blache weg. Aber da war kein Ditti mehr auf dem Heu zu finden.

Nun, der Winter verging wie jeder andere. Als aber die zwei Brüder am Lanxi (im Lenz) in den Berg ins Gras fahren wollten, hörten sie es laut weinen. Sie dachten sogleich, das sei das Ditti, das wolle gewiss auch mit ihnen zu Berg, und sagten: ›Wennd dü ys und ysärä Chindä und Chindschindä nytt zleid tüesch,channsch dü ja mid-is chu.‹ Dann fuhren sie an und zu Berg und merkten, dass ihnen das Ge-

spenst folgte. Sie hatten es viele Jahre bei sich, merkten seine Gegenwart, aber es liess sie in Ruhe und tat ihnen nichts zuleid.«

Wie der tapfere Senn auf der gespenstischen Alp bei Escholzmatt weichen auch die beiden Brüder dem Ungewissen nicht aus. Sie nehmen das Risiko auf sich, im Tal unten verlacht zu werden wegen ihrer kindischen oder gar unzüchtigen Puppe. Trotzdem tragen sie das Ditti, ihre unbewusste weibliche Seite, verantwortungsvoll in ihr Leben hinein. Und siehe da: Was die Brüder erst noch ängstigte, wird aufgelöst, wandelt sich gar in einen Segen und öffnet ihnen wörtlich Tür und Tor. Sie behalten »ihr Ditti« ein Leben lang bei sich.

An langen Abenden und bei schlechtem Wetter werden die Alpen einsam – eine günstige Voraussetzung, um für die Welt der Geister empfänglich zu werden.

TANZPLATZ DER STÜRME

Die Sage vom Teufel als Pflüger

Vom Bisistal ins Rätschtal und durch den Bödmerenwald nach Hinterthal

Eine ausgedehnte Tageswanderung bringt uns zur wilden Urlandschaft der Silberen. In dessen Untergrund befindet sich die längste Höhle Europas. Beides verdanken die Muotathaler einem Blitzbesuch des Regenten aus der Unterwelt.

9

Vom Bisistal ins Rätschtal und durch den Bödmerenwald nach Hinterthal · Die Sage vom Teufel als Pflüger

Der Teufel als Pflüger

Selbst Satan lockt es, von Zeit zu Zeit in die Haut eines ehrlichen Menschen zu schlüpfen, so wie dieser – umgekehrt – an der Fasnacht als Räuberhauptmann umherzieht und Streiche vollführt, die er sonst verabscheut. Beide, Ehrenmann und Teufel, benehmen sich dabei meistens täppisch, und endlich ist jeder Fasnachtsnarr froh, wieder das zu sein, wofür Gott ihn bestimmt hat.

Es soll eine Zeit gegeben haben, da Herrgott, Satan und Menschenkinder auf Du und Du miteinander umgingen, da Hatz und Hüst (Hektik und Stress), die Neuzeitdrachen, noch in Bergesnacht gebannt lagen. Schon damals lächelten milde Lenztage auf stillverträumte Weiler hernieder. Derweilen der Schöpfer vollauf zu tun fand mit dem Segnen der spriessenden Frucht, erholte sich Luzifer in Menschenlanden, ausschnaufend vom ewigen Kohlenschippen und auf neue Höllenbrätlein lauernd. Gemächlich schritt er feldentlang, wie etwa ein Kuh- oder Schweinehändler. Sah im Augenblick niemand hin, liess er eine Handvoll Unkrautsamen auf einen nahen Acker fliegen oder streute unauffällig Rossnägel mitten auf den Fahrweg.

So kam er an einem Landmann vorüber. Kraftvoll seine Tiere meisternd, pflügte dieser saubere Furchen, gerade wie mit der Schnur gezogen, und sog dabei an seinem Pfeiflein.

Belzebub sah ihm wohlwollend zu. Nichts Schöneres gibt es auf der Welt, als die Arbeit anderer zu begutachten. Was er sah, gefiel ihm ausserordentlich und machte ihn schliesslich darnach lüstern, selber einmal ein Feld zu durchackern.

Sobald der Landmann das nächstemal anhielt, um nach der andern Seite zu wenden, machte sich Junker Bocksfuss herbei, belobte ihn, klopfte ihm freundlich die Schulter, derweilen seine andere Hand in die Rocktasche des Begrüssten fuhr und unbemerkt dessen Feuerzeug klaute, denn solches konnte er immer gebrauchen. Indessen fragte der Teufel leutselig nach dem Preis des Ackers und ob dieser zu kaufen wäre, Geschirr und Tiere mit eingerechnet.

9

Die gute Äbtissin erinnerte sich, das Kloster besitze weit hinten die Silberen-Hochfläche, eine Gegend, wie für den Bösen geschaffen.

Der Bauer erschrak und wich ein paar Schritte, um nötigenfalls ein Kreuz schlagen zu können. Kein ehrenhafter Landmann getraut sich, mit dem leidigen Satan zu handeln. Der Ackermann wollte daher nichts wissen, rief Hüh-hott, griff nach dem Pflug und wünschte dem Teufel guten Morgen.

Luzifer, einmal in Eifer glühend, versuchte sein Glück noch an andern Orten, fand aber überall kalte Schultern.

Verärgert ob der vielen Absagen wanderte Satanas weiter und weiter, in seiner Ungeduld mächtig ausgreifend und Schwefelgestank hinter sich zurücklassend. Eh'noch der Tagesbogen sich neigte, war er schon dem Flachland entronnen und fand sich inmitten hochragender Berge, im Ländchen Schwyz, wo brave Leute die Kapuziner auf ihn hetzten mit frommen Sprüchen und Weihwasserwedeln.

Da ward der Geplagte fuchsteufelswild; denn man soll selbst den Bösen gewähren lassen, entschliesst er

sich einmal zu löblichem Tun. Urplötzlich entsann er sich seiner Macht und versengte mit seinem glühenden Atem die silberduftigen Kirschblüten, die sich entlang der Muota bergein ziehen.

Voller Grauen gewahrte dies die alte Äbtissin des Frauenklosters, zu der die erschreckten Bauern liefen, ums künftige Kirschwasser bangend. Das war eine überaus kluge Frau. Sie liess Gesangbuch und Wedel im Kloster, schritt sittsam dem tobenden Wüstling entgegen, begrüsste ihn mit mutigem Knix und befragte ihn leutseligen Tones nach dem Zweck seines lieben Besuches.

Kein Teufel kann Frauen widerstehen, die also umgänglich mit ihm anbandeln. Schon etwas ruhiger gestimmt knurrte er, ob es hier Sitte wäre, dem ergebenen Ofenheizer unseres Herrgottes die karge Freizeit zu verekeln. Im übrigen sei er, wie schon angedeutet, nicht dienstlich da, sondern zum eigenen Vergnügen. Er wünsche nichts weiter, als Land zu kaufen, damit er auch einmal pflügen könne. Es sei selbst für einen Teufel verleiderisch, nur mit der Ofengabel zu hantieren.

Die gute Äbtissin gab das zu. Sie erinnerte sich, das Kloster besitze weit hinten im Wildland die Silberen-Hochfläche, eine Gegend, wie für den Bösen geschaffen, armselig rauh, ein Tanzplatz der Stürme. Sie bot dieses Landstück Luzifer an als Lösegeld für eine verlorene Seele, dergestalt noch ein frommes Geschäft mit dem Satan verbindend.

Froh ob des endlich geglückten Handels, liess dieser die blühenden Bäume in Ruhe und stampfte mit hartem Huf auf ein Grabkreuz. Da fuhr ein Riesenpflug aus dem Boden, bespannt mit zwei mächtigen Feuergäulen. Der Teufel schwang sich in des einen Sattel und donnerte mit seinem Gespanne sprühfunkenschlagend der Silberen entgegen.

Erlöst von der Nähe des bösen Geistes, liess die Äbtissin Messen lesen, das zerstampfte Grabmal erneuern und einen Buss- und Bettag ankünden.

9

Im Sturmesheulen und Nebelflattern pflügte er hastig Furche um Furche, von wahrem Hölleneifer besessen

Der Teufel erreichte indessen sein Land und rasselte mit Gespann und Pflugschar über den mageren Weideboden. Ohne sich einmal umzuschauen, im Sturmesheulen und Nebelflattern, pflügte er hastig Furche um Furche, von wahrem Hölleneifer besessen. Klaftertief frass sein Ackergerät sich ein in die Eingeweide der Erde. Mörderisch kreischend, zerriss es den Felsengrund, Gestein an die Oberfläche wühlend und ein schauerliches Wirrwarr schaffend, desgleichen die Menschen noch nie gesehen …

Erst beim Einnachten erlahmte sein Eifer. Das Gespann anhaltend, gewahrte er endlich, welch ein unselig Werk er vollendet, was für einen greulich Steinbruch er sich zurechtgepflügt hatte.

Brennende Scham ergriff den Teufel. Er fühlte sich jämmerlich gedemütigt, und ihn packte rasende Sehnsucht nach seinem ursprünglichen Höllenberufe. Er gab den Feuergäulen die Peitsche und rasselte mit Donnergepolter auf kürzestem Weg der Unterwelt zu, den Geisterpflug an den Felshörnern zerschmetternd.

Bei dieser Flucht entstand ein Felsgang. Er zieht sich tief hinein ins Gebirge und wird noch heutzutage Hölloch genannt. Als Ackerland des Teufels starren die »Karrenfelder« der Silberen, wildzackige Furchen im Felshochland, unheimlich bleich im Glanze der Mondnacht.

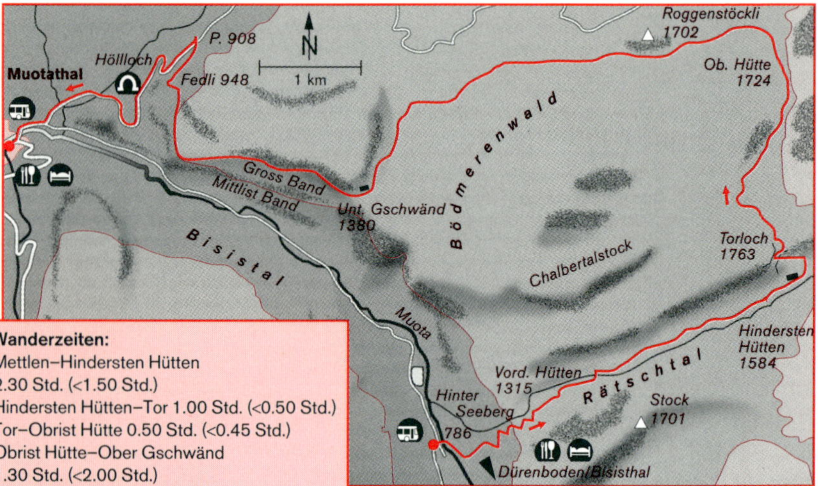

Wanderzeiten:
Mettlen–Hindersten Hütten
2.30 Std. (<1.50 Std.)
Hindersten Hütten–Tor 1.00 Std. (<0.50 Std.)
Tor–Obrist Hütte 0.50 Std. (<0.45 Std.)
Obrist Hütte–Ober Gschwänd
1.30 Std. (<2.00 Std.)
Ober Gschwänd–Hinterthal
2.30 Std. (<3.15 Std.)
Totale Wanderzeit: ca. 8.30 Std.
Höhendifferenz: Aufstieg ca. 1200m,
Abstieg ca.1350m

WILD UND ABWECHSLUNGSREICH ist die Besichtigung des Teufelswerkes. Obwohl mitten in der Schweiz gelegen, vermittelt das Karsthochland des Muotatals ein Gefühl der Abgeschiedenheit, wie man es sonst weitherum suchen muss. Wer lange und einsame Wandertouren liebt, der wird nicht enttäuscht sein. Die vorgeschlagene Tour sollte allerdings nicht ohne Karte und nicht allein oder bei Nebel unternommen werden.

Alle Zugänge zur Silberen sind lang. Unsere Route führt uns vom Bisistal durchs Torloch an den Fuss der Silberen und von da durch den Bödmerenwald und entlang dem »Gross Band« zurück nach Muotathal. Ratsam ist es, den frühestmöglichen Bus ins Bisistal zu benutzen. Beim **Hinter Seeberg** (Dürenboden) steigen wir aus, überqueren die Muota und wandern den weissrotweissen Zeichen folgend hinauf ins **Rätschtal.** Das Rätschtal ist noch mit keiner Fahrstrasse erschlossen. Um so erstaunlicher ist es, dass die Alpen daselbst immer noch bestossen werden.

Bei den **Hindersten Hütten** wendet sich unser Weg nach links, eine Geröllhalde querend hinauf und durchs markante **Torloch,** einem Durchgang zwischen zwei senkrecht gestellten Kalkwänden. Wie eine Postkartenansicht erscheint das Panorama beim Blick zurück zum Urner Alpenkranz mit Schärhorn und Clariden.

Oberhalb des Torlochs öffnet sich der Blick über das karstige Land der Bödmeren und der Silberen. Ein kurzer Abstieg bringt uns hinunter zum Wegweiser »Tor«. Wir wenden uns hier nicht etwa in Richtung Silberen, sondern gehen auf dem Fahrweg nach links bis zur **Toralp.** Hier verlassen wir diesen Fahrweg bereits wieder. Zwei Wege zweigen rechts ab. Wir wählen den rechten davon (ohne Wegweiserangabe, aber markiert), der uns zur **Oberist Hütte** führt.

Damit betreten wir das sagenumwobene Teufelswerk der **Silberen** – ein hell verkarstetes und verfurchtes, wunderschön einsames Gebiet. Die Wegmarkierungen sind in kurzem Abstand hingemalt, und der Pfad sollte keinesfalls verlassen werden. Gut kann man sich vorstellen, wie der Teufel hier gewerkelt hat.

Von der Oberist Hütte geht es anschliessend westwärts zur Alp **Bödmeren** und von da in Richtung Gschwänd – links (südlich) am Roggestöckli vorbei – durch den **Bödmerenwald.**

Der 600 Hektar grosse Bödmerenwald gehört zu den letzten Urwäldern der Schweiz. Allerdings muss der Begriff »Urwald« relativiert werden, denn verschmutzte Luft und der saure Regen sorgen heutzutage dafür, dass auch eigentliche Naturlandschaften menschlich beeinträchtigt werden.

Seit seiner Entstehung nach der letzten Eiszeit vor rund 10000 Jahren ist der Bödmerenwald nie gerodet oder forstwirtschaftlich genutzt worden. Der Grund dafür ist leicht ersichtlich: Links und rechts unseres Weges weisen tiefe Löcher, zahllose Spalten und Unebenheiten auf die Unzugänglichkeit dieses grössten Karstgebietes der Schweiz hin. Auch der Bildung eines fruchtbaren Bodens sind auf dem kalkigen Untergrund und auf dieser Höhe enge Grenzen gesetzt. Eine alp- oder forstwirtschaftliche Erschliessung war seit jeher derart schwierig und unrentabel, dass menschliche Eingriffe in grossem Stil

Verkehrsmittel:
→ Schwyz 501m
Eisenbahn (600)
→ Bisisthal 870m
Bus (600.16)
Taxi, Tel. 041 830 11 81

Charakter:
Lange, vielseitige Bergwanderung
Beste Jahreszeit:
Juli bis Oktober
Karten:
246 Klausenpass (1:50000)
Wanderkarte Kanton Uri (1:50000)
1172 Muotatal (1:25000)
1173 Linthal (1:25000)
Skitouren- und Wanderkarte Muotatal (1:25000)

i
Verkehrsverein
Hauptstr. 48
6436 Muotathal
Tel. 041 830 15 15
Fax 041 830 24 94

unterblieben. So finden wir nach wie vor eine grosse Vielfalt an Bäumen: Buchen, Eschen, Ulmen, Ahorn, Eichen, Föhren, Birken und natürlich vorwiegend Fichten. Aber auch viele Brutvögel, zum Teil eingewandert aus dem sibirischen Taigagürtel, sind hier heimisch geworden. Vielleicht vernehmen wir auch das Hämmern eines Spechts, der sich von Borken- und Bockkäfern sowie von Spinnen ernährt. Vielleicht auch beachten wir für einmal die langsameren Waldbewohner, die Schnekken, von denen hier bislang 36 verschiedene Arten nachgewiesen wurden.

Rund 70 Hektar dieses Waldes sind zu einem Reservat ausgeschieden. Die natürliche Entwicklung der Tier- und Pflanzenwelt wird darin wissenschaftlich beobachtet. Immer wieder taucht in Forstkreisen und in der Öffentlichkeit die Meinung auf, nur ein gepflegter Wald sei auch ein gesunder Wald. Der Bödmerenwald, seit zehntausend Jahren ungepflegt, müsste demnach todkrank sein. Die Untersuchungen zeigen jedoch, dass neben 400jährigen Bäumen auch ganz junge Bestände aufwachsen, dass die Altersverteilung regelmässig ist und sich selbst reguliert. Zur Selbstregulierung gehören auch Sturmschäden wie der Orkan »Vivian« von 1990.

Wir verlassen den Bödmerenurwald, und etwas Kartenlesen ist nötig, um die Route zum Unter Gschwänd und weiter zum **»Gross Band«** zu finden. Natürlich könnte

Übernachtungsmöglichkeiten:
Bisisthal
(Zimmer und Matratzenlager):
Gasthof Schönenboden,
Tel. 041 830 12 22;
Gasthof Schwarzenbach,
Tel. 041 830 12 16;
Alpwirtschaft Waldi (am oberen Stausee) Tel. 041 830 11 76
Richtung Pragelpass
(Matratzenlager):
Ferienlager Hölloch,
Tel. 041 830 12 08;
Pragelblick, Tel. 041 867 31 84;
Pragelpasshöhe,
Tel. 041 830 12 25.
Muotathal

Gaststätten:
Bisisthal; Pragelpasshöhe; Höllgrotte; Hinterthal Muotathal

Besonderheiten:
Muotathal:
Kirche St. Sigismund; Franziskanerinnenkloster St. Joseph; Hölloch-Grotte (Juni bis September) Führungen Tel. 01 950 33 88

man Muotathal auch direkt durch den Bolwald erreichen. Wer abenteuerliche Pfade jedoch mag, sollte sich das »Gross Band« nicht entgehen lassen. Dazu halten wir uns unterhalb des **Unter Gschwänd** nach rechts, folgen einer Wiesenterrasse und steigen anschliessend im Wald bis unter die Felsen. Ein rotes Tor zeigt, dass wir den Einstieg gefunden haben. Unterhalb des mächtigen und teils weit ausladenden Felsbandes führt der Weg in imposanter Höhe talauswärts. Leuchtend orange blühen die geschützten Feuerlilien unter den Felsen. Im unteren Teil des Weges kommen nebst den Flora- auch die Beerenliebhaber zum Zug.
Der abwechslungsreiche Weg endet an der

Die Kalkwände des Hängst, der Mären und des Glatten thronen über dem hinteren Bisistal.

Pragelpassstrasse. Damit nimmt auch der Wandergenuss ein vorläufiges Ende, denn es gibt keine andere Möglichkeit, als auf dieser asphaltierten Strasse hinunter nach **Stalden** und **Hinterthal** zu gelangen. Dieser Abstieg führt uns nah am Einstieg jener weltbekannten Höhle vorbei, welche die Muotathaler ebenfalls dem übereifrigen Luzifer zuschreiben.

Nicht nur in der Sagenerzählung, auch aus wissenschaftlicher Sicht haben die Karstlandschaft der Silberen und die Entstehung des Höllochs direkt miteinander zu tun. Mit Karst bezeichnet man ein Gebiet, dessen Entwässerung grösstenteils unterirdisch erfolgt. Bei dieser Entwässerung wird ständig Kalk herausgelöst, und es entstehen weitverzweigte Höhlensysteme.

Das Hölloch wurde erst 1875 von einem Muotathaler Bergbauern entdeckt. Die Episode vom wutentbrannten Abgang des Teufels in die Unterwelt dürfte also noch nicht sehr alt sein. Jedenfalls hat er ein rutschiges Loch hinterlassen, denn die Bezeichnung Hölloch kommt nicht etwa von »Hölle«, sondern von »häl« oder »hälen«, was »rutschig«, »glatt« bedeutet.

Dieses rutschige Loch ist mit 170 Kilometer bekannter Länge das grösste Höhlensystem Europas und die drittgrösste Höhle der Welt. Aufgrund zahlreicher Messungen konnte berechnet werden, dass das Hölloch jedes Jahr um rund 370 Kubikmeter weiterwächst. Dies entspricht einem Saal von zwanzig Metern Länge, sechs Metern Breite und drei Metern Höhe. Zudem wird vermutet, dass bis heute nur etwa zehn Prozent aller vorhandenen Höhlengänge entdeckt sind.

Vor dem Ersten Weltkrieg versuchte eine belgisch-schweizerische Gesellschaft das

Zahllose Schratten und teuflische Spalten haben dafür gesorgt, dass der Bödmerenwald nie in grossem Stil ausgeforstet wurde. Er zählt zu den letzten Naturwäldern der Schweiz.

Hölloch touristisch zu erschliessen. Ein künstlicher Eingang wurde gesprengt, Zugangswege wurden gebaut, und im vordersten Teil installierte man eine elektrische Beleuchtung. Das Hölloch war damit früher elektrifiziert als das Dorf Muotathal. Allerdings unterschätzten die Promotoren die Naturgewalten, denn in der Zeit der Schneeschmelze donnern bis zu 12000 Liter Wasser pro Sekunde den Eingang heraus. Die Installationen wurden wie Streichhölzer geknickt und herausgeschwemmt. Etwa eine Million investierter Franken flossen im Laufe der Zeit die Muota hinab, und die Gesellschaft hat nach 13 Jahren Konkurs gemacht.

Seit dem Zweiten Weltkrieg wird die Höhle auch wissenschaftlich erforscht. In erster Linie wurde die Karstverwitterung untersucht. Man fand aber auch über 50 Tierarten, die vollständig oder teilweise das Hölloch bewohnen, darunter zwei Ur-Insekten, die als sogenannte Endemiten nur im Hölloch vorkommen. Die ständigen Höhlentiere haben sich diesem extremen Lebensraum angepasst: sie brauchen kein Pigment, um sich vor dem Sonnenlicht zu schützen, und sie sind nahezu blind. Dafür haben sie einen ausgeprägten Geruchs- und Tastsinn. Sie ernähren sich von andern Tieren oder von organischen Bestandteilen des Lehms.

Das ganze Hölloch steht unter Naturschutz, denn Höhlen sind ein sehr verletzliches Ökosystem. Sie gehören zu den einmaligen Erscheinungen der Natur und reagieren äusserst empfindlich auf Verschmutzungen. Begehungen auf eigene Faust sind nicht möglich. Wer zeitig in Stalden ankommt, kann sich aber einer der zahlreichen Höhlenführungen anschliessen und das Innere des Berges besuchen. Schliesslich ist schon manchem Sagenhelden in der Unterwelt die Chance seines Lebens begegnet …

BÖSEWICHT UND SCHWANKFIGUR: ZUR SAGE VOM TEUFEL ALS PFLÜGER

Höhlen und Felslöcher, markante Steine oder Spalten in der Erde gelten im Volksmund oft als Werke des Teufels. Die eigentümliche Karstlandschaft der Silberen und das mächtige Hölloch eignen sich dazu in besonderem Masse. In der Sage von der Silberen erscheint uns allerdings ein anderer Teufel als etwa jener in der Geschichte vom Schötzer Schmittenanneli. Nicht immer verfolgt der Teufel zerstörerische Absichten. Der Volksmund traut dem Bösewicht Nummer eins durchaus auch menschliche Bedürfnisse zu. Auch wenn die Silberen nicht gerade als gelungenes Werk betrachtet werden kann – im Gegensatz etwa zur Teufelsbrücke in der Schöllenen bei Andermatt –, so wird dem Teufel doch keine unlautere Absicht unterstellt. Dass diese allgegenwärtige Sagenfigur in so unterschiedlicher Weise auftreten kann, hat seine Gründe.

Jedes Kind weiss, wer der Teufel ist: Er ist der Gegenspieler Gottes, und so, wie dieser im Himmel residiert und das Gute repräsentiert, so ist der Teufel der Regent der

Entlang dem Gross Band: Die Bäume im Fels trotzen der Schwerkraft.

Hölle und sorgt für alles Böse in der Welt. In der Volkssage kann er sich, wie sein göttliches Gegenüber, in beliebige Lebewesen verwandeln und den Menschen leibhaftig erscheinen. Kommt er mit seinem etwas unappetitlichen Äusseren daher, so erscheint er mit spitzen Tierohren, Fledermausflügeln, mit Hörnern, Bocksbeinen und einem Bocksschwanz. Die Figur des Teufels hat in den vergangenen Jahrhunderten eine bemerkenswerte Wandlung durchgemacht.

Das Wort Teufel stammt vom griechischen »diabolos«, was soviel wie »Verwirrer«, »Verleumder« bedeutet. Über diobol, diuvil, duvel hin zu Tiuval und Tiefel entwickelte sich der heutige Teufel, der in andern Dialekten auch Toifl, Taifl, Taifi, Tiifl oder Tüüfu genannt wird. Die Vorstellung eines Teufels war den vorchristlichen Kulturen allerdings fremd. Und sein Qualenreich, die Hölle, existierte ebenfalls nicht. Für die Toten der Antike war der Eingang in die Unterwelt für alle derselbe. Es gab in der Unterwelt nur den Bereich der Erlösten und jenen der Unerlösten. Der Teufel taucht erst mit der christlichen Lehre auf. Dazu kam es folgendermassen:

In vorchristlicher Zeit wurde jene grosse Erdmutter verehrt, die als Ursprung allen Lebens dieser Erde galt. Sie war Symbol der Fruchtbarkeit und des Wachstums und damit die stets neues Leben spendende Mutter. Das religiöse Streben der Menschen richtete sich demzufolge nicht nach einer abstrakten Gottheit im Himmel, sondern nach der lebenserzeugenden Erde und dem Lauf der Sonne. Im natürlichen Rhythmus nahm die Erdmutter alles zurück und schenkte alles wieder neu. Der Tod war nichts Endgültiges, sondern nur ein ande-

Die Schratten auf der Silberen zeigen, wie der Teufel hier Furche um Furche in den Fels gepflügt hat.

rer Seinszustand. Die Menschen, die es innerhalb dieser erd- und naturverbundenen Religion zu besonderen Fähigkeiten brachten, verstanden sich auf die Kunst des Heilens, der Beeinflussung von Mensch und Natur und waren hoch angesehen.
Der aufkommenden Christianisierung waren aber genau diese Menschen ein Dorn im Auge, und man bezeichnete sie als »Verwirrer« – der neuen Lehre selbstverständlich. Ihre Verbundenheit mit der Erde wurde als diabolisch und sie selber als Teufel bezeichnet. Die ursprüngliche Einheit von Erde und Himmel, aber auch von Körper und Geist wurde aufgebrochen, und das alte Wissen vegetierte fortan als Aberglaube dahin. Alles Unerklärliche –

hellsichtige Fähigkeiten zum Beispiel oder Epilepsie oder auch nur ein plötzlich hereinbrechendes Gewitter – war nun ein Werk des Teufels, die betroffenen Menschen waren vom Teufel besessen und wurden in späteren Zeiten als Hexen und Besessene verfolgt. Die Kirche hat die Kraft der Natur immer gefürchtet. Erdlöcher, Höhlen, Moore oder Wälder, einstmals Orte der Gottesverehrung, galten nun als Brutstätten des Bösen. Die Natur wurde dämonisiert und dem Bibelwort getreu »untertan gemacht«.

Die Sagen haben diese Sicht der Natur weitgehend übernommen, zumindest vordergründig, denn es mangelt nicht an Teufelssagen aller Art. Gerade die Erzählung vom Pflüger und Gestalter der Erde zeigt aber, wie dazugehörig auch diese Figur empfunden wird. Der Teufel, und damit die dunkle Seite des Lebens, ist eingesetzt vom Herrgott. Er ist zwar eine Plage, aber insgesamt doch Teil der Schöpfung. Eine Anekdote aus Gersau erzählt, dass die Menschen abends ein Vaterunser auch für die »Ughüür« gebetet haben, von denen sie »bewachet und geschirmet« seien. Und in Giswil notieren zwei kichernde Teufel während der Sonntagsmesse alle sündigen Gedanken der »frommen« Kirchgemeinde auf eine Kuhhaut. Dem Teufel wird auch mit einem gewissen Schalk begegnet; im 15. und 16. Jahrhundert wird er gar zur beliebten Schwankfigur. Die Kirche hingegen, mit ihrem Anspruch auf Alleinherrschaft über die Seele des Volkes, hat immer versucht, den Teufel ausschliesslich als Schreckfigur darzustellen. Allein die Volksseele spürt, dass er zum Leben dazugehört. Jedenfalls verdanken wir dem Teufel das Hölloch und die grossartige Landschaft der Silberen.

Das rauhe Gelände des Rätschtals und die fehlende Zufahrt erfordern nach wie vor viel Muskelarbeit.

Die Kinder verbringen den Sommer auf der Alp. Naturverbundenheit ist ihr Alltag.

Von Biberbrugg über St.Meinrad nach Einsiedeln

Seltsam ist es, übers Moor zu gehen. Und selten sind sie geworden, die Moore. Kaum mehr sichtbar sind die feinen Irrlichter der Natur, zu denen der Brandeggtöneli damals – er wusste nicht, wie – geleitet wurde. Und dass er auf einmal dieses wunderbare Lied nicht mehr zu singen vermochte, war ihm auch seltsam.

10

Von Biberbrugg über St.Meinrad nach Einsiedeln· Die Sage von den Wasserfrauen in der Roblosen

Die Wasserfrauen in der Roblosen

Es war nach Mariä Himmelfahrt, als ein Bauernbub aus Einsiedeln hinausging, um den Heimweg nach seinem abgelegenen Dörflein anzutreten. Es hatte dem Ankenbabeli in der Schmiedgasse eine grosse Butterballe gebracht. Dafür trug es jetzt auf seiner Traggabel allerlei Esswaren, sorgfältig in ein Bündel gebunden.

Als der Brandeggtöneli, so hiess der Kleine, auf die einsamen und weiten Weiden des Waldweges kam, wurde er schläfrig, und die Last auf seinem Rücken drückte ihn immer mehr. Da war es seltsam. Obwohl es Hochsommer war, stieg auf einmal Nebel aus dem Tal der Roblosen herauf und hüllte alles ein, so dass er Weg und Steg nicht mehr recht zu sehen vermochte. Eine Zeitlang lief er ruhig auf dem Weg weiter, den er sicher unter den Füssen fühlte und der ihn schon ins Dörflein leiten würde.

Da war ihm, als höre er neben sich im Nebel ein Flügelschlagen und ein Seufzen. Verwundert schaute er nach allen Seiten, sah aber nichts. Kaum war er wieder ein paar Schritte gelaufen, hörte er das Flügelrauschen dicht hinter sich, und als er sich erschrocken umsah, hörte er's neben und dann über sich und dann vor sich. Voller Angst setzte sich Töneli auf das Grabenbord neben den Weg, um zu warten, bis sich der Nebel verziehe. Als aber der Nebel gar nicht weichen wollte, verzagte er immer mehr.

Plötzlich war ihm, als höre er nicht weit weg ein Lachen. Es war ihm gar, es sei seines Vaters Stimme. Wie erlöst sprang er mit seiner schweren Last auf und eilte in den Nebel hinein, doch er fand niemanden. Wie er aber genauer hinsah, gewahrte er etwas Dunkles im Nebel. Er lief rasch darauf zu. Das war ja wohl eine alte Frau, die, am Boden kniend, ihren Mooskartoffelacker jätete. Es war aber nur eine Erlenstaude. Doch schon erblickte er wieder etwas im Nebel. Das musste ganz sicher ein Mann sein, der das Feld aufhackte. Er machte sich rasch auf den Schatten zu, und da stand er vor einer verkrümmten und verwitterten Torfwurzel. Umsonst lief er weiter im Nebel umher – er fand den Weg nicht wieder. Er rief nach der Mutter. Es kam ihm aber keinerlei Echo. Der Boden wurde immer nasser. Und auf einmal jagte ihn ein Seufzer direkt unter seinen Füssen weiter und immer weiter. Endlich konnte er nicht mehr. Müde fiel er in die Knie, streifte die Traggabel ab und legte sich bäuchlings ins weisse, feine Wollgras. Weinend verbarg er das Gesicht in den Händen.

10

Da war es seltsam. Obwohl es Hochsommer war, stieg auf einmal Nebel aus dem Tal der Roblosen herauf und hüllte alles ein.

Als er nach einer Weile wieder aufsah, die Augen voller Tränen, war ihm, er müsse grad umkommen vor Schrecken: ein schneetaubenweisses Gesicht mit grasgrünen Augen sah ihn lächelnd aus ein paar Erlenstauden hervor an. Er wollte auf und davon. Doch vor Entsetzen konnte er kein Glied bewegen. Das war ja wohl eine Roblosenwasserfrau. Er verbarg das Gesicht im Wollgras.

Da war ihm, als höre er ein seltsam trauriges Singen, und es wollte ihn bedünken, eine weiche Hand streiche ihm über den Flachsschopf, und auf einmal hörte er eine Stimme, die sagte: »Büblein, heute ist der Tag, der sich nur alle hundert Jahre wiederholt, an dem wir erlöst werden können. Wenn du uns erlösest, so wollen

wir dich reich und glücklich machen. Du musst aber die Wasserrose abreissen, in deren Wurzel unsere Seelen bis zum Jüngsten Tag eingeschlossen sind. Wenn es dir gelingt, sie zu bekommen, so verwandelt sie sich in deiner Hand in reines Gold, und du wirst schöner singen können, als es jemals ein Mensch gekonnt hat.«

Jetzt hörte er wieder das Flügelrauschen über sich, und wie er aufsah, erblickte er in einer Staude über sich einen seltsamen Vogel, sah fast aus wie ein Uhu. Aber vor ihm war der Nebel etwas gewichen, und er sah zu seiner Verwunderung, dass er am Bord der Roblosensihl mit ihren unheimlich stillen Wassern gelegen hatte. Die Wasserfrauen aber waren spurlos verschwunden. Nur eine Armeslänge von ihm weg schaukelte sich in der Flut eine wunderschöne Wasserrose.

Eine Weile schaute er sie mit bedenklichen Augen an. Dann fasste er sich ein Herz und wollte es wagen, die armen Wasserfrauen zu erlösen. Er erhob sich auf die Knie, immer mehr beugte er sich vor, und schon sah er deutlich, wie die Blattspitzen der Wasserrose sich golden zu färben begannen. Und jetzt war er der Blume schon nah. Aber immer wieder, wenn er sie mit der Hand zu fassen meinte, trieb sie eine kleine Welle seitlings ein wenig ab, also dass er immer daneben griff. Doch nun hatte sein Finger den Stengel berührt, da ward sie über und über wie flüssiges Gold, ein Riss, er musste sie haben. In diesem Augenblick sah er unter sich ins Wasser und erblickte wohl ein Dutzend meergrüne Augen, die ihn alle ansahen wie die ewige Verdammnis.

»Jesus Heiland!« schrie er auf, liess die Wasserrose entsetzt fahren und kletterte in Todesängsten ans Ufer zurück, denn er war schon bis an die Beine hinein in die unheimliche gurgelnde Sihl geraten. Über ihm aus der Erle schoss der Vogel davon. Der Nebel war mit einem Male spurlos verschwunden. Vor ihm lag das weite Tal, und weit hinten standen wie immer die Ybriger Alpen und das eisstarrende Vrenelisgärtlein. Fernher klang das Läuten des Willerzeller Abendglöckleins. Da nahm der Bub zitternd seine Traggabel auf, tat noch einen langen Blick nach der gespenstischen Wasserrose, und auf einmal wurde es Nacht. Nun wusste er gar nicht, was er anfangen sollte. Aber da stieg ein Lichtlein aus der Roblosensihl und ging immer vor ihm her, und er lief ihm nach, bis er durch die grause Schlagenschlucht war und endlich die Fensterscheiben des Dörfleins erblickte. Jetzt verschwand das Lichtlein, und bald war er zu Hause.

10

... schon sah er deutlich, wie die Blattspitzen der Wasserrose sich golden zu färben begannen.

Wie wunderten sich aber die Leute, als der Brandeggtöneli am andern Morgen ein gar schwermütiges Lied durchs Dörflein sang. Noch nie hatten sie jemanden so schön singen hören. Er sang die ganze Woche hindurch, aber obwohl es ihm viele Leute ablernen wollten, konnte doch keiner die seltsamen Töne behalten.

Er sang und sang sein Lied. Als nun der Sonntag gekommen war und er aus der Kirche kam, wo er die Marienlieder hatte mitsingen müssen, konnte er danach das Lied der Roblosen-Wasserfrauen nur noch pfeifen. Doch wie sehr auch die Buben den Schnabel spitzten, keiner konnte ihm's nachmachen. Wie er aber am Sonntag darauf wieder aus der Kirche kam, da war das Lied für immer aus seinem Gedächtnis entschwunden.

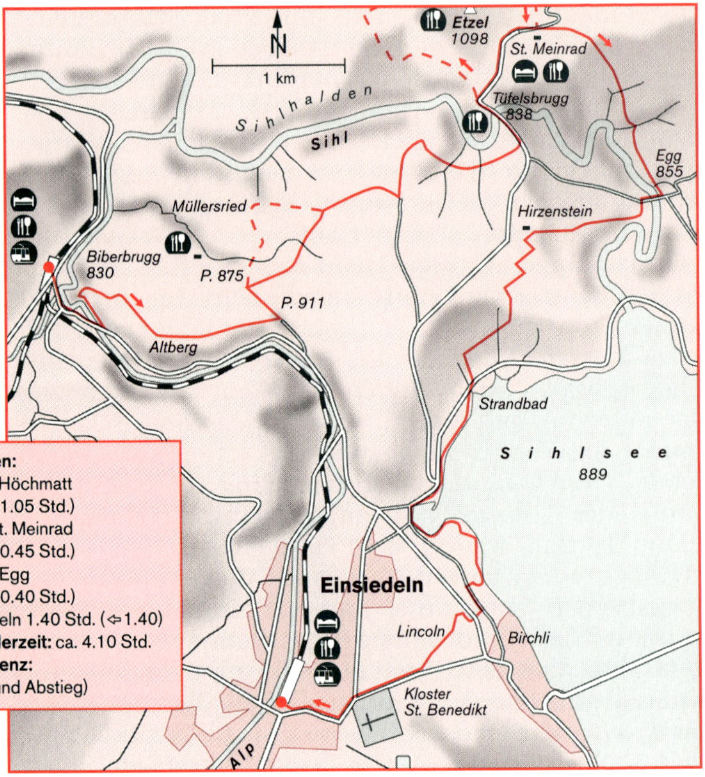

Wanderzeiten:
Biberbrugg–Höchmatt
1.10 Std. (⇦1.05 Std.)
Höchmatt–St. Meinrad
0.45 Std. (⇦0.45 Std.)
St. Meinrad–Egg
0.35 Std. (⇦0.40 Std.)
Egg–Einsiedeln 1.40 Std. (⇦1.40)
Totale Wanderzeit: ca. 4.10 Std.
Höhendifferenz:
330m (Auf- und Abstieg)

WIR FAHREN mit der Südostbahn bis **Biberbrugg,** das kein Dorf ist, sondern ein Verkehrsknotenpunkt. Wer noch nie eine Verkehrslandschaft hautnah erlebt hat, möge hier seine sieben Sinne öffnen.

Nun, was dem Brandeggtöneli noch nicht zur Verfügung stand, das hat die Vereinigung der Schwyzer Wanderwege besorgt: die Wegbeschilderung. Unsere Route folgt durchgehend diesen gelben Zeichen. Wir folgen dem Wegweiser Richtung Schwantenau, ein kurzes Stück der Autostrasse entlang bis über den Bach, die Alp, und wenden uns nach links. Die Wanderzeichen führen uns zuerst flussabwärts, dann hinauf zum **Altberg.** Nach rechts folgen wir der Höhenstrasse, bis die Wegzeichen uns links hinunter und danach am südöstlichen Rand der **Schwantenau** entlang wieder hinauf zur **Höchmatt** leiten. Ohne Zweifel hat die Moorlandschaft Schwantenau etwas Faszinierendes an sich. Unsere Route führt hier vorbei, weil die Sumpflandschaft der Roblosen für immer unter Wasser gesetzt wurde, im künstlich geschaffenen Sihlsee. Doch vermag die Schwantenau durchaus noch ein Gefühl zu vermitteln, wie es dem Töneli zumute

10

Von Biberbrugg über St. Meinrad nach Einsiedeln · Die Sage von den Wasserfrauen in der Roblosen

gewesen sein mochte, als er sich im Moor verirrte. Die Moore und das weite Heideland galten schon immer als unheimlich. Heute allerdings sind wir soweit, dass das Unheimliche unter Naturschutz fallen muss. Nachdem zwischen 1800 und heute gesamtschweizerisch über 90 Prozent aller Feuchtgebiete verschwunden sind, versucht man die letzten Flächen solch einmaliger Landschaften zu erhalten. Die Schwantenau wurde allerdings über Jahrhunderte durch die Menschen beeinflusst. Die vielen Holzgädeli erinnern an die Zeit, als hier noch »geturpnet« (Torf gestochen) wurde. In den luftdurchlässigen Holzverschlägen wurde der Torf getrocknet. Der Torfabbau hat das Niveau der Landschaft künstlich herabgesetzt. Reste nicht gestochenen Torfs sind als deutlich erhöhte Hügel im Moor erkennbar. Durch die unzähligen, oft parallelen Wassergräben erscheint das Gebiet heute wie eine Anreihung künstlicher Hügelbeete. Ohne regelmässige Pflege – Schneiden der Matten und Reinigen der Kanäle – würde die Au nach und nach verlanden. Wer das Moor direkt durchqueren will, verlässt den Wanderweg etwa 100 Meter nach der grünen Naturschutztafel, wandert zuerst auf der Strasse geradewegs hinunter in die Schwantenau und folgt dann dem Pfad (Holzpfeile), der in weitem Bogen wieder zurück zum Wanderweg führt. Dieser Weg ist stark durchnässt und nicht immer leicht zu finden. Keinesfalls sollte er verlassen werden.

Von der Hochmatt führt unser Weg hinunter zur **Tüfelsbrugg.** Der Einsiedler Abt Gero liess diese Brücke zu Beginn des 12. Jahrhunderts erbauen, nicht zuletzt der Pilger wegen, die von Konstanz her auf

Verkehrsmittel:
➜ **Biberbrugg** 830 m
Eisenbahn SOB 670, 672
➜ **Einsiedeln** 881 m
Eisenbahn (672)
Bus (672.22)

Charakter:
Leichte Tageswanderung
Beste Jahreszeit:
April bis Mitte Juni; September bis November
Karten:
236 Lachen (1:50 000)
Wanderkarte Tourismusregion Einsiedeln (1:50 000)
1132 Einsiedeln (1:25 000)

i
Tourismus Region Einsiedeln
Postfach 542
8840 Einsiedeln
Tel. 055 418 44 88
Fax 055 418 44 80

Übernachtungsmöglichkeiten:
Biberbrugg;
Gasthaus St. Meinrad (Zimmer und Matratzenlager)
Tel. 055 412 25 34;
Einsiedeln

Gaststätten:
Biberbrugg; Schwantenau Stübli; Tüfelsbrugg; St. Meinrad; Einsiedeln

dem sogenannten Jakobsweg über den Etzelpass nach Einsiedeln zogen. Der Jakobsweg führt quer durch Europa und endet im spanischen Santiago de Compostela (Grab des Jakobus), wo der Apostel Jakobus der Ältere bestattet sein soll. Der Europarat hat 1987 den Jakobsweg zum internationalen Kulturgut erklärt. Eine Reihe bedeutender Kunstdenkmäler und Sakralbauten liegen an dieser Route, so auch das Kloster Einsiedeln. Es ist vorgesehen, diesen Pilgerweg vom Bodensee bis zum Genfersee als Wanderroute durchgehend zu erschliessen.

Mitten auf der Tüfelsbrugg wacht der heilige Nepomuk. Der Kirchenmann Johannes Nepomuk wirkte im 14. Jahrhundert in Prag und war bekannt für seine Unbestechlichkeit und beliebt wegen seines konsequenten Eintretens für Gerechtigkeit. Er brachte es zu hohen Ämtern, zog sich jedoch durch sein korruptionsfreies Verhalten den Zorn der weltlichen Macht zu. Der König liess ihn gefangen setzen, zu Tode foltern und von der Karlsbrücke hinunter in die Moldau werfen. Seit seinem Martyrium wird er von der gläubigen Bevölkerung stark verehrt. Er schützt Brükken und Stege und gilt als Patron der Flösser und Schiffer, seiner Verschwiegenheit wegen aber auch als Schutzherr der Priester und Beichtväter. Dass dieser Nepomuk über ein Bauwerk wacht, das den Namen des ärgsten Feindes eines jeden Heiligen trägt, stört dabei wenig.

Jenseits der Brücke steht das Geburtshaus des berühmtesten Einsiedlers neben dem Hl. Meinrad: jenes des Arztes Paracelsus (1494–1541). Aufgewachsen sozusagen unter Klostermönchen und Wasserfrauen, war er nicht nur ein erfolgreicher Arzt, sondern auch ein Philosoph, der sich intensiv mit den Geheimnissen der Meditation und der Mystik beschäftigte. Von der Tüfelsbrugg steigen wir direkt zum Etzelpass auf, wo Kapelle und Wirtshaus zu **St.Meinrad** stehen. Die Kapelle erinnert daran, dass die erste Klause des Hl. Meinrad hier oben gestanden haben soll. Wer an überschüssiger Kraft leidet, kann kurz nach der Tüfelsbrugg links abzweigen und auf einem einstündigen Umweg über den Etzel nach St.Meinrad gelangen. Ein Aufstieg zum Etzel, von welcher Seite auch immer, lohnt sich auf jeden Fall.

Wir wenden uns ostwärts nach **Oberegg.** Nach rund zehn Minuten stossen wird beim Gehöft **Jureten** auf den Bauernlehrpfad, der nach rechts hinunterweist. Wir folgen diesem Lehrpfad bzw. den Wegbezeichnungen »Einsiedeln« bis nach Einsiedeln, vorbei am Weiler **Egg,** dem Hirzenstein und dem »Naturschutzgebiet Roblosen«, wo wir nochmals ein Feuchtgebiet durchqueren. Hier sind die Eingriffe in die Landschaft jedoch grösser als in der Schwantenau. So finden wir hier eine grosse Zahl an Gärten und umgestalteten »Turpehüttli«. Mit der unberührten Roblosen aus der Sage hat diese nur mehr wenig zu tun. Von hier fällt der Blick hinunter auf den Sihlsee, wo die einstigen Roblosensümpfe gelegen haben. Auch der Weg führt hinunter zum See. Via Badeanstalt (Bus-Anschluss) und Uferweg gelangen wir bis **Birchli,** von hier in 20 Minuten zur mächti-

Besonderheiten:
Einsiedeln:
Klosterkirche und Kloster Einsiedeln:
Geführte Rundgänge,
Tel. 055 418 44 88;
Grosser Saal mit verschiedenen Ausstellungen (täglich 13.30–18.00 Uhr);
Tonbildschau in der alten Mühle (1. Mai bis 15. Oktober täglich 14.00 Uhr);
Pferdezucht;
Panorama: Leidensweg Jesu auf 2000 Quadratmetern Rundgemälde (Ende März bis Ende Oktober, 10.00–17.00 Uhr);
Diorama Bethlehem: Krippendarstellung mit über 450 Figuren (Ende März bis Ende Oktober, 10.00–17.00 Uhr);
Chärnehus: Wechselausstellungen (Sa und So)
Tel. 055 412 61 10;
Schafbockbäckerei »Goldapfel«: Nostalgieladen und Backstube (täglich 13.30–18.00 Uhr)
Bauernlehrpfad am Etzel (vom Bhf. Schindellegi nach Einsiedeln, ca. 4 Std.);
Jakobsweg, Etappen Zürichsee–Einsiedeln–Brunnen (weitere Informationen Tel. 055 412 87 22)

Wo Wirtshaus und Kapelle am Etzelpass stehen, soll die erste Klause des heiligen Meinrad gestanden haben.

Von Biberbrugg über St.Meinrad nach Einsiedeln·
Die Sage von den Wasserfrauen in der Roblosen

gen barocken Klosterkirche. Wer Durst hat, kann hier blindlings ins nächste Haus eintreten – es ist bestimmt eine Gaststätte.

Die klösterliche Tradition hat **Einsiedeln** nicht nur zu einem Touristenzentrum und einem Rummelplatz erster Güte gemacht, sondern auch zu einem Ort kontemplativer Besinnung und Einkehr. Seit Jahrhunderten suchen die Menschen hier die Stille. Und ebenso lange begegnen sich hier christliche Werte und vorchristlicher Glaube.

Der Marienbrunnen vor der Klosterkirche ist ein gutes Beispiel dafür, wie dieser vorchristliche Glaube in die christliche Mystik integriert wurde. Er ist sozusagen ein Ausdruck des kirchlich abgesegneten »heidnischen« Denkens. So gilt es auch heute als segensreich, den runden Brunnen zu umkreisen und von jeder der 14 Röhren Wasser zu trinken. Es lohnt sich, einen Moment bei diesem Brunnen zu verweilen:

Der Kreis gilt als eines der wichtigsten geometrischen Symbole. Er drückt das Endlose aus und damit die Ewigkeit. In mystischen Systemen wird Gott als Kreis vergegenwärtigt, um dessen Vollkommenheit darzustellen. In magischen Lehren hat das Umkreisen auch die Funktion, böse Geister abzuwehren.

Wasser gilt in vielen Weltschöpfungsmythen als Quelle des Lebens. In christlichen wie in andern Kulturen ist es darüber

hinaus Symbol der Reinigung, so bei der Taufe, beim Weihen und Segnen. In keltischer Zeit war die Verehrung heiliger Quellen geläufig, da ihr Wasser mit der gabenspendenden Erdmutter in Verbindung gebracht wurde. Beim Einsiedler Brunnen hat sich diese Verehrung in Gestalt des Brunnens erhalten. Allerdings nennen wir die Erdmutter heute Muttergottes.

Aus 14 Röhren quillt das Wasser. Vierzehn, als Verdoppelung der heiligen Zahl Sieben, steht für Güte und Barmherzigkeit. 14 Heilige können angerufen werden, um in der Not barmherzige Hilfe zu erflehen. Und in 14 Stationen wird der Leidensweg Christi unterteilt.

Ausserdem zeigt der Marienbrunnen, dass

Die Schwantenau und der bewaldete Etzel; Moorgebiete dieser Art sind selten geworden und auf unseren Schutz angewiesen.

die weiblichen Aspekte nicht immer aus dem Christentum verdrängt wurden. Manchmal wurden sie nur umgewidmet. So steht Maria auf einer Mondsichel. Der Mond gilt in fast allen Kulturen als urweibliches Symbol. Seine empfangende Rolle, bezogen auf das Sonnenlicht, aber auch der zeitlich vergleichbare Rhythmus des Mondmonats mit dem weiblichen Zyklus legen dies nahe. Mit dem Mond wurde in der keltischen Kultur das Bild der Mondgöttin verbunden. Französischen Bauern nennen ihn gelegentlich »Notre Dame«. Und in allen romanischen Sprachen ist der Mond weiblich. Nach altem Volksglauben beeinflusst der Mond das Pflanzenwachstum – und wiederum entsteht eine Verbindung zu Erdmutter und Fruchtbarkeit. Und schliesslich erscheint der Muttergottesmond auch in der Johannes-Apokalypse (12,1): »Ein Weib, mit der Sonne umkleidet, das den Mond zu Füssen hat.«

Verlassen wir diesen benediktinischen Kultort nicht, ohne den Marienbrunnen zu umkreisen und die Klosterkirche zu besuchen … und vielleicht fragen wir uns dabei, wie es den Wasserfrauen der Roblosen heute ergehen mag, da sich der Sihlsee ausbreitet, wo sie einst ihre Lebendigkeit versprühten. Ob die schwarze Madonna in der Gnadenkapelle die Antwort weiss?

VIELLEICHT MÜSSEN WIR ALLES VON DER ANDERN SEITE BETRACHTEN: ZU DEN WASSERFRAUEN IN DER ROBLOSEN

Selbstverständlich gibt es verschiedene Möglichkeiten, an eine Sage heranzugehen. Für die Roblosensage wählen wir einen andern Blickwinkel als bisher und

Wasser in der Schwantenau – ob sich darin eine gütige Wasserfrau verbirgt?

machen es am besten wie der Brandeggtöneli: Lassen wir uns zuerst einmal umnebeln und legen wir dabei unseren Rucksack, der gefüllt ist mit rationalem Wissen über die materielle Welt, für einen Moment ab. Wagen wir den Zugang in eine Welt, die uns phantastisch und unwahrscheinlich erscheinen mag: die »Gefühlswelt« einer Landschaft.

Die Erde ist nicht leblose Materie, sondern durchwoben von fühlbaren Schwingungen, ähnlich jenen der elektromagnetischen Strahlung. Diese Schwingungen beeinflussen unser Wohlbefinden und lassen uns sagen »... hier gefällt es mir«, andernorts aber »... hier fühle ich mich irgendwie nicht wohl ...«. Mit entsprechend emp-

findlichen und fein kalibrierten Empfangsgeräten lassen sich solche Schwingungen bis zu einem gewissen Grad auch physikalisch messen. Hellsichtige Menschen stellen fest, dass sich in diesen Schwingungen Wesenheiten manifestieren können, die den vier Elementen zugeordnet und für das Funktionieren der Schöpfung zuständig sind. Diese Elementarwesen oder Naturgeister teilen sich nicht über den Verstand, sondern über die Emotionen mit. Sie sorgen gleichsam in göttlichem Auftrag für Wachstum, Reife, Absterben und Wiederaufkeimen der Natur. Die sichtbare Welt der Pflanzen, Tiere und Menschen einerseits und die unsichtbare Welt der Elementarwesen andererseits bilden zusammen eine Ganzheit. Dies deckt sich mit der Erkenntnis von Paracelsus, der neben der christlichen Offenbarung das Licht der Natur (lumen naturae) als ebenbürtig anerkannte, das seinen Worten gemäss in der Materie verborgen liege und ebenso aus der Einheit Gottes stamme. Für ihn gab es die Trennung zwischen äusserer und innerer Welt nicht. Und kurz vor seinem Tod schrieb der Psychoanalytiker C.G. Jung: »Es ist sehr wohl möglich, dass wir die Welt von der verkehrten Seite anschauen und dass wir die richtige Antwort finden könnten, wenn wir unseren Standpunkt änderten und sie von der andern Seite her betrachteten, d.h. nicht von aussen, sondern von innen« (Brief vom 10.August 1960). In den Sagen stossen wir oft auf das Motiv, dass die innere Welt mit der äusseren Kontakt aufnehmen will. Denn da, wo die beiden Welten sich begegnen, entsteht etwas Neues. Manchmal sucht auch der Mensch in Kontakt zu treten mit dem Numinosen,

Wo einst der heilige Meinrad in der Einsamkeit des finsteren Waldes hauste, steht heute die barocke Benediktinerabtei von Einsiedeln.

Beim Wegkreuz kreuzen sich die Wege – ideal für einen Treffpunkt.

der göttlichen Allgegenwart. In der Roblosensage ist es umgekehrt. Die Vertreterinnen der jenseitigen Welt suchen die Begegnung mit den Menschen – ein Vorgang, der häufiger ist, als wir denken. Nur reden wir dann von »Zufall« oder von »Schicksal«.

Wenn nun diese im christlichen Weltbild nicht vorgesehenen Elementarwesen existieren, dann werden viele Sagen auf einmal ganz verständlich. Die Wasserfrauen der Roblosen deuten wir dann als Wesen, die dem Element Wasser zugeordnet sind und die Aufgabe haben, den pulsierenden Lebenskreislauf im Moor aufrechtzuerhalten. Als Nixen und Nymphen dienen sie der Natur und den Menschen. Mit der

Christianisierung wurden sie jedoch gezielt dämonisiert und als böswillige Geister verbannt – bezeichnenderweise in den erdverbundenen Wurzelbereich einer Wasserpflanze. Damit knüpfen wir an die Feststellungen in der Muotataler Sage vom Teufel an. Der Kirche erschien und erscheint alles gefährlich, was Naturkräfte sind. Und wenn es gar Kräfte weiblicher Art sind, so ist das für sie besonders beängstigend. Naturkräfte müssen aus einer solchen Sicht verbannt werden. – Der traurige Höhepunkt dieser gefühlsfeindlichen Haltung wurde in der Zeit der Hexenverfolgungen erreicht, zwischen dem 15. und dem 18. Jahrhundert – Die Roblosenfrauen möchten aus ihrer Verbannung natürlich befreit sein und ihre Aufgabe zugunsten von Natur und Menschen wieder aufnehmen. Ihre lautere Absicht ist daran erkennbar, dass sie ihrem potentiellen Erlöser nicht nur vergängliche Werte wie äusseren Reichtum anbieten, sondern auch die Fähigkeit, wunderhaft zu singen und andere Menschen zu erfreuen. Für ihre Güte spricht ebenso, dass sie den Töneli auch dann sicheren Schrittes zum Moor hinausgeleiten, nachdem er das Erlösungswerk nicht ganz vollbracht hat. Und schliesslich zeigt das Ende der Sage sehr subtil, wie unvereinbar Naturweisheit und kirchlicher Katechismus sind: die Gabe des wunderbaren Singens – als Ausdruck vielleicht der persönlichen Intuition – geht sehr schnell verloren, wie der Töneli die Lieder der »klerikalen Konkurrentin«, der Maria, singen muss.

Nach diesem Exkurs in die Welt der Elementarwesen holen wir unseren Rucksack wieder, erleichtern ihn vielleicht um die eine oder andere fixe Vorstellung und pilgern weiter.

Über die halbrunden Stufen gelangen BesucherInnen aus aller Welt zur berühmten Klosterkirche. Einsiedeln gehört zu den grossen Pilgerorten Europas.

Die Maria auf der Mondsichel. Der Marienbrunnen ist ein Beispiel dafür, wie die Symbole vorchristlichen Glaubens in die christliche Mystik integriert wurden.

SCHATTEN ÜBER GOLDAU

Die Sage vom schwarzen Vogel

Von Goldau über den Gnipen zum Sattel

Im Schatten des schwarzen Vogels steigen wir durch den Goldauer Bergsturz hinauf zum Gnipen und zum Wildspitz. Unglück und menschliches Schicksal haben die Sagenerzählung oft beflügelt. Hier war es, wo sich einst ein »grässlich röthlicher Staub erhob und die Mord- und Zerstörungs-schwangere Lawine« ins Tal hinunterdonnerte.

11

Von Goldau über den Gnipen zum Sattel ·
Die Sage vom schwarzen Vogel

Der schwarze Vogel

In der Zeit vor dem Bergsturz lag oberhalb des Spitzibüel die Alp »Gmeinmarch« wie ein Felsband zwischen zwei Flühen. Sie hatte deshalb nur talseitig einen Hag. Die Alp soll einem Ratsherrn Bürgi gehört haben.

Schon lange vor dem Bergsturz hat es dort oben im Fels gearbeitet. Als der Besitzer einmal zu seiner Alp hinauf kam, sei da ein schwarzer Vogel auf dem Gatter gesessen. Wie der Besitzer das Gatter habe öffnen wollen, sei der Vogel einfach nicht von der Stelle gewichen, und deshalb habe er ihn »verschtöükt« (verjagt). Da habe der schwarze Vogel plötzlich zu reden angefangen und gemeint:«Wohl, ich geh jetzt, lasse aber schon noch einmal die ganze Gmeinmarch mit dem Berg ins Tal hinuntersausen.« Darauf sei der Vogel den Berg hinaufgeflogen.

11

Als er das Gatter habe öffnen wollen, sei der Vogel einfach nicht von der Stelle gewichen und deshalb habe er ihn »verschtöükt«.

In der Karte ist die heutige Alp Ober Spitzibüel als »Mettlers Heimet« bezeichnet, weil der frühere Besitzer Mettler hiess. Auch der wusste vom schwarzen, ungeheuerlichen Vogel. Am Tage des Bergsturzes ging er hinunter zum Pfarrer von Goldau und fragte ihn, wie er das Ungeheuer vertreiben könne. Der Pfarrer war jedoch ein aufgeschlossener Mensch und versuchte dem Bläsi Mettler zu erklären, das Ungeheuer sei eine Naturgewalt, und er könne nichts dagegen tun.

Der Bürgi, dem die Gmeinmarch gehörte, wollte sein Heimet Harmettlen an der Rigilehne auch einmal mit Mettlers Heimet tauschen, weil jenes viel sonniger gelegen war. Nachdem er aber den schwarzen Vogel selber gehört und gesehen hatte, habe er nichts mehr davon wissen wollen. Er habe sogar die Gmeinmarch verkauft.

Kurz darauf, am 2. September 1806, ist der Berg gekommen und hat Goldau verschüttet.

Wanderzeiten:
Arth-Goldau–Gnipen
3.10 Std. (⇦1.45 Std.)
Gnipen–Wildspitz
0.25 Std. (⇦0.25 Std.)
Wildspitz–Halsegg
0.50 Std. (⇦1.00 Std.)
Halsegg–Sattel
1.10 (⇦2.00 Std.)
Totale Wanderzeit:
ca. 5.30 Std.
Höhendifferenz:
Aufstieg 1100m
Abstieg 800m

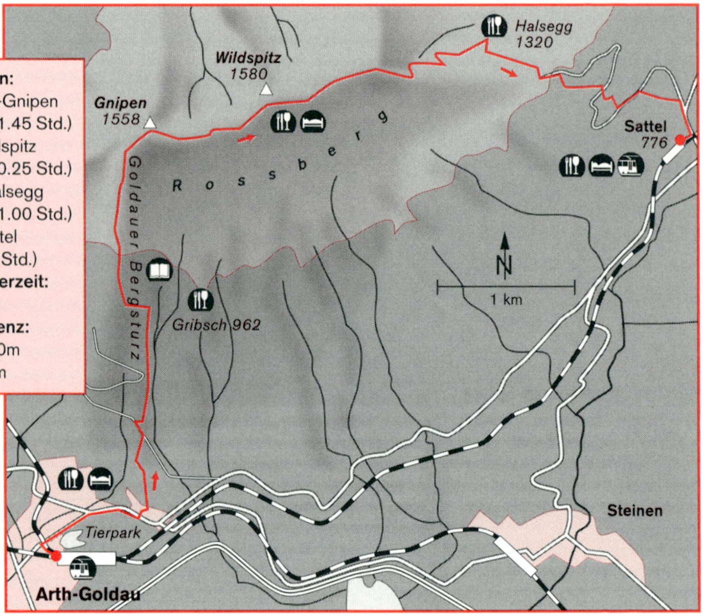

EINEN GÜNSTIGEREN Ausgangspunkt als **Arth-Goldau** kann man sich für Wanderungen in der Innerschweiz kaum vorstellen. Fast jeder Zug hält hier. Vom Bahnhof aus erblickt man bereits das Ziel unserer Wanderung, das Bergsturzgebiet des Rossberges und das Gipfelkreuz des Gnipen. Wer sich durch diesen Anblick abschrecken lässt, kann kurz entschlossen sein Programm ändern, die Rigibahn besteigen und braucht hier nicht weiterzulesen. Die Unverdrossenen hingegen beachten den Wegweiser zum Gnipen, folgen der Hauptstrasse durch Goldau, vorbei an Tierpark und Bergsturzmuseum, bis rechter Hand der Sportplatz und links die letzten Wohnhäuser auftauchen.

Nach diesen Häusern zweigt der **»Zähniweg«** links ab, und mit wenigen Schritten sind wir eingetaucht in die Urwaldlandschaft des Bergsturzgebietes. Damit betreten wir auch ein Pflanzenschutzgebiet von überregionaler Bedeutung. Wir steigen den breiten und gut markierten Weg aufwärts, lassen uns von kleineren Extraschlaufen nicht irritieren, queren zwei Güterstrassen und stossen auf etwa 950 Metern Höhe auf einen Querweg, dem wir nach links folgen – vorausgesetzt wir lassen uns vom Gasthausschild »Gribsch« nicht verführen.

Wer mit offenen Augen bis hier hochgestiegen ist, hat bestimmt die hausgrossen Nagelfluhblöcke bewundert, die wie von

Riesenhand hingewürfelt herumliegen. Gleichsam als Gegenpol zu den Felsbrocken blühen hier im Frühjahr die seltenen »Frauenschüeli« (Cypripedium calceolus). Allein ihretwegen lohnt sich eine Wanderung im Wald von Goldau. – Von besagtem Querweg startet ein etwa einstündiger Rundweg ins Abbruchgebiet. Dieses Gebiet und der botanische Rundweg sind deshalb interessant, weil hier alle Pflanzen erst seit 200 Jahren wieder vorkommen. Demnach kann hier beobachtet werden, wie die Vegetation ohne menschlichen Einfluss eine Fläche neu begrünt. Dabei wechseln sich über Generationen bestimmte Pflanzenarten ab. In der Fachsprache wird dieser Vorgang Sukzession genannt. Im oberen Teil des Bergsturzes finden wir noch Anteile der ersten Pflanzengeneration.

Auf rund 950 Metern Höhe, wo wir uns befinden, liegt das in der Sage erwähnte Anwesen des **Oberen Spitzibüel.** Nah am Berg müssen die Menschen gemerkt haben, wie sich der Schatten des schwarzen Vogels über das Land legte... Wir folgen dem Wegweiser, der zum Gnipen hinaufzeigt. Der Wald lichtet sich nun zusehends, und der Weg führt der Abbruchkante entlang zum Grat und zum Gipfel des **Gnipen.** Selbstredend suchen unsere Augen zuerst den Goldauer Bahnhof, wo wir gestartet sind. Der Blick hinunter zeigt aber auch, wie mächtig die Felsschichten waren, die sich 1806 hier gelöst haben.

Der Zeitgenosse Karl Zay, Arzt in Arth, beschreibt die schrecklichen Ereignisse des 2. September 1806 aufgrund überlebender Augen- und Ohrenzeugen (gekürzt):

»Der Morgen dieses unglücklichen Tages erwachte wieder unter starkem Regen, der

Verkehrsmittel:
→ Arth-Goldau 510m
Eisenbahn (600, 653, 661, 670)
Bus (600.10)
Schiff (3660)
→ Sattel-Ägeri
Eisenbahn (670)

Charakter:
Bergwanderung
Beste Jahreszeit:
Mai bis Mitte Juni; September bis Oktober
Karten:
Schwyz-Zug, Vierwaldstättersee (1:60 000)
235 Rotkreuz (1:50 000)
236 Lachen (1:50 000)
1151 Rigi (1:25 000)
1152 Ibergeregg (1:25 000)
Wander und Freizeitkarte Arth-Goldau Lauerz (1: 18 750)

i
Verkehrs- und Einwohnerverein
Postfach 230
6410 Goldau
Tel./Fax 041 855 54 30

11

Von Goldau über den Gnipen zum Sattel · Die Sage vom schwarzen Vogel

nach und nach minder zu werden und mit der Mittagsstunde ganz aufzuhören begann.

Schon am frühen Morgen zeigten sich auf der absteigenden Fläche am Gnyppen-Berg (Rossberggipfel) und in der Nähe des Spitzen-Büels kleinere Erdspalten und Risse im Rasengelände. Schon hörte man im nahen Walde von Zeit zu Zeit einiges Krachen von Tannen-Wurzeln, die mit Gewalt voneinander gerissen wurden. Von einer Viertelstunde zur andern stürzten kleinere, dann wieder grössere Steinmassen nieder. Nach der zweyten Stunde des Nachmittages vermehrte sich diess Niederstürzen immer mehr, und ein dumpfes Getöse erhob sich, das wie entfernter Donner am nahen Rigi widerhallte. Bald nach der vierten Abendstunde trennte sich in der Mitte des steilen Röthner-Berges das Erdreich, und dieser Spalt wurde mit jedem Augenblick tiefer, breiter und länger. Der untere, nunmehr von dem oberen Theil losgemachte Erdengrund fängt jetzt an – fast unmerklich – sanft und sachte hinzuglitschen.

Nun wird die Bewegung der Wälder stärker; ganze Reihen losgewordener Felsenstücke und stolze Tannenbäume stürzen in Unordnung übereinander und in die Tiefe nieder. Alles Losgerissene und Bewegliche, Wald und Erde, Steine und Felsen gerathen jetzt ins Hinglitschen, dann in schnellern Lauf, und nun in blitz-

schnelles Hinstürzen. Getöse, Krachen und Geprassel erfüllt wie tief brüllender Donner die Luft. Häuser, Menschen und Vieh werden schneller als eine aus dem Feuerrohr losgeschossene Kugel über die Erde hin und selbst durch die Luft fortgetrieben. Das letzte Angstgeschrey der vom unvermeidlichen Tode bedrohten Goldauer durchheult noch einen Augenblick die trübe Luft.
Ein grässlicher, röthlich brauner Staub erhebt sich in Nebelgestalt von der Erde, hüllt die Mord- und Zerstörungsschwangere Lawine in trübes Dunkel ein, und läuft in düsterer Wolke wie vom Sturmwind gewirbelt vor ihr hin. Berg und Thal sind nun erschüttert – die Erde bebt – Felsen zittern. – Ein grosser Theil der zerstörenden Masse erstürmt in ihrem Sturmlauf noch den steilen Fuss des Rigi-Bergs, und die wild gemachte Wasserfluth des Lowerzer-Sees fängt im Sturmlauf auch ihre Verheerung an.
O wehe! – überschüttet ist das ehevor so fruchtbare Gelände mit Schutt und Graus.«
Für das Gebiet von Goldau war der Bergsturz von 1806 eine gewaltige Katastrophe: Die beiden Dörfer Goldau und Röthen wurden vollständig zerstört, Buosigen und Lauerz stark beschädigt. Insgesamt kamen 457 Personen ums Leben, 111 Wohnhäuser und 220 Ställe und Scheunen wurden zerstört, und über 200 Stück Vieh starben im Schutthagel.
Auch wenn die Katastrophe von 1806 die Goldauer unvermittelt und überraschend traf, so sind doch Bergstürze in den Alpen keine Seltenheit. In den vorangegangenen 350 Jahren ereigneten sich in den Schweizer Alpen nicht weniger als acht grosse

Übernachtungsmöglichkeiten:
Goldau; Sattel;
Berggasthaus Wildspitz (Zimmer und Matratzenlager)
Tel. 041 832 11 39

Gaststätten:
Goldau; Gribsch; Wildspitz; Halsegg; Sattel

Besonderheiten:
Goldau:
Tierpark (ganzjährig, täglich)
Tel. 041 855 15 10;
Bergsturzmuseum (Mai bis Okt., Di bis So, 13.30–17.00 Uhr)
Tel. 041 711 71 17;
Sonderwaldreservat (Nähe Gribsch, Rundgang ca. 1 Std.)
Arth:
Dorfkern und Kirche

Im oberen Spitzibüel müssen die Menschen gemerkt haben, dass sich der Schatten des schwarzen Vogels über das Land legte.

Bergsturz-Katastrophen mit insgesamt über 3400 Toten, wobei allein der Felssturz von Plurs 1618, im damals bündnerischen unteren Bergell, über 2000 Todesopfer forderte. In neuerer Zeit bleibt der Bergsturz von Elm (1881) mit seinen 115 Toten in trauriger Erinnerung, sowie diejenigen von Flims (1939, 17 Tote) und Mattmark (1965, 88 Tote). Mit der voranschreitenden Klimaerwärmung und dem damit verbundenen Auftauen der Permafrostböden im Hochgebirge ist auch in Zukunft mit grösseren Katastrophen im Alpenraum zu rechnen; die Bergstürze im Veltlin (1987, 28 Tote) und in Randa/VS (1991) sind unmissverständliche Warnzeichen.
Am Rossberg gab es schon vor dem grossen

Die weite Wiese auf dem Gnipen lädt ein zum »gruäbä«, zum Pick- oder Einnicken oder einfach zum Träumen in den Wolken.

Die Wanderung durchs Goldauer Bergsturzgebiet führt durch ein Patchwork aus Farben, Formen, Pflanzen und Gesteinen.

Unglück mehrere, meist prähistorische, Fels- und Bergstürze, wobei der jüngste ins frühe 13. Jahrhundert datiert wird und das damalige Dorf Röthen samt Kapelle verschüttete.

Als primäre Ursache für den katastrophalen Bergsturz von 1806 gilt die ungünstige Geologie des Rossberges. Die steil angestellten Nagelfluhschichten liegen auf einer weichen, »schlüpfrigen« Mergelgleitschicht, die wie eine Rutschbahn funktionierte. Verschlimmernd kommt hinzu, dass im unteren Teil des Hanges die Nagelfluhschicht bereits abgetragen war (frühere Bergstürze) und die verbliebene Gesteinsschicht im oberen Teil somit »freie Bahn« ins Tal hatte.

Das Jahr 1806 war sehr feucht. Die andauernden Niederschläge drangen durch die Nagelfluhklüfte auf die darunterliegende, wasserundurchlässige Mergelschicht und bildeten dort eine schmierige Gleitschicht. Am späteren Nachmittag des 2. September kam die oberste Gesteinsschicht aufgrund ihres Eigengewichtes langsam ins Rutschen, beschleunigte sich und verschüttete den gesamten Talboden von Goldau bis zum Gegenhang des Rigi.
Ein angenehmer Höhenweg führt uns in einer halben Stunde zum **Wildspitz.** Das Berggasthaus bietet neben einer luftigen Sonnenterasse auch günstige Übernachtungsmöglichkeiten. Vom Wildspitz folgen wir zuerst dem Fahrweg abwärts, dann, nach einem kurzen Gegenanstieg, wandern wir zur **Langmatt** und den Wegzeichen folgend zur **Halsegg.** Wer noch Durst hat, kann ihn hier nochmals löschen. Danach führt der Weg abwärts zum Sattel. Über steile Matten und vorbei an Heuwiesen und Obstbäumen erreichen wir den Bahnhof von **Sattel/Ägeri.** Die Südostbahn fährt uns zurück nach Arth-Goldau oder in Richtung Rapperswil und nach St.Gallen. Wer kürzere Anstiege und längere Abstiege bevorzugt, kann die ganze Wanderung in umgekehrter Richtung machen.

»TANTI AUGURI« – ZUR SAGE VOM SCHWARZEN VOGEL

Unglücksfälle beflügeln die Sagenwelt. Um Naturereignisse wie den Goldauer Bergsturz erklärbar zu machen und moralisch sinnvoll erscheinen zu lassen, wird meist auf eine Untat hingewiesen, dessen logische Folge eine Naturkatastrophe als

Die Anrissstelle des Bergsturzes hoch über Goldau. Die Erosion nagt weiter am Berg.

Strafe Gottes sein muss. So werden in Zusammenhang mit dem Goldauer Bergsturz verschiedene Episoden überliefert, die auf den einstigen gotteslästerlichen Lebenswandel der Goldauer und Arther hinweisen. Die hier erzählte Sage jedoch handelt in erster Linie von der mysteriösen Ankündigung der Katastrophe. Und die unheimliche Hauptrolle spielt dabei ein schwarzer Vogel.

»Die Vögel symbolisieren die Kraft, die dem Menschen zu bedachter Rede verhilft und ihm vieles bei sich vorausbedenken hilft…«, schreibt im 12. Jahrhundert die Äbtissin Hildegard von Bingen. In den meisten Kulturen wie auch in den Sagen und Märchen sind die Vögel gern gesehene, positiv gewertete Wesen. Sie leben dem Himmel nahe und repräsentieren damit die höheren Sphären, die geistige Welt und die mit ihr verbundene Weisheit. Zu dieser Weisheit gehört auch die Fähigkeit, bestimmte Ereignisse vorauszusagen. Im alten Rom beispielsweise deuteten die Priester im »Augurium« den Flug der Vögel. Sie interpretierten daraus den Willen der Götter und die wahrscheinliche Zukunft. »Tanti auguri« – herzliche Glückwünsche, diese Redewendung hat bis heute überlebt! Auch im Märchen wissen die Vögel mehr als andere Wesen; wer die Vogelsprache versteht, dem werden wich-

tige Erkenntnisse und Weissagungen zuteil. Im Märchen vom treuen Johannes, erzählt von den Brüdern Grimm, befolgt der Held genau die Anweisungen dreier schwatzender Vögel und vermag somit das Leben seines Königs zu retten. Die Wissens-Rolle des Vogels gilt auch in der Umgangssprache, allerdings in verdrehtem Sinne: wer unwahrscheinliche Dinge erzählt, hat »einen Vogel«, und wer umgekehrt den treffsichersten Spruch landet, der hat »den Vogel abgeschossen«.
Die Weissagung vom Bergsturz erfolgt nun durch einen schwarzen Vogel, und die Farbe Schwarz lässt nichts Gutes ahnen. Das muss eine dunkle Vorahnung sein.

Nagelfluh- und Mergelschichten am Rossberg, die Mythen im Hintergrund.

Schwarz sind bei uns vor allem die Raben. In den Mythen wird der Rabe denn auch mehrheitlich negativ gedeutet. Er ist es, der oftmals Krankheit, Krieg und Tod ankündigt. Als Bote des Unglücks wird er zum Unglücksraben, auf italienisch eben ein »uccello di mal augurio«. Diese Bezeichnung geht dann mit der Zeit auf die Betroffenen selber über. Mag sein, dass ihm die Gabe dunkler Prophezeihungen aufgrund seines unheimlichen Rufes angedichtet wurde: »cras, cras« bedeutet auf lateinisch »morgen, morgen«! In der antiken Welt hat der Rabe jedenfalls keine besonders erfreuliche Karriere hinter sich. So trug er einst ein weisses Gefieder und war Gefährte der Göttin Athene. Damit befand er sich sozusagen einen Herzschlag von der absoluten Weisheit entfernt. Wegen seiner indiskreten Geschwätzigkeit wurde er aber entlassen und zur Strafe auch gleich noch mit einem buchstäblich rabenschwarzen Federkleid versehen. Als Begleiterin wählte sich die Göttin fortan die Eule.

Neben dieser Unglücksrolle erscheint der Rabe in einzelnen Sagen und Legenden auch in positiver Weise. Auch da verfügt er über mehr Wissen als seine Umgebung. So hatte der nordgermanische Gott Odin zwei Raben bei sich, die ihm Informationen aus seinem Reich zutrugen. – Und im nahen Einsiedeln waren es ebenfalls zwei

Raben, die den heiligen Meinrad ständig begleiteten und schliesslich auch dessen Mörder überführten.

Das Bild des schwarzen Vogels als Unglücksboten hat sich in der Goldauer Sage unversehrt erhalten. Diese Urbilder schleichen sich auch in relativ junge und historisch belegbare Ereignisse ein. Dies mag ein Hinweis darauf sein, wie sehr die Innerschweiz mit der Symbolsprache anderer Kulturen verbunden ist.

Der Verkehrsknotenpunkt Goldau, hingewürfelt wie riesige Felsbrocken. Darunter das verschüttete alte Dorf.

LIEBESTRUNK AM ZUGERSEE

Die Sage von der Seejungfer von Zug

Von Unterägeri nach Zug

Nicht die Gewalt der Natur, sondern das Walten der Liebe vermag Berge zu versetzen. Die Zuger haben dies schon früh erfahren. Und wie lässt sich eine Wanderung über den Zugerberg besser beenden als mit einem romantischen Trunk an den Ufern des Zugersees? Aber aufgepasst, aus wessen Händen der Trank gereicht wird!

12

Von Unterägeri nach Zug · Die Sage von der Seejungfer von Zug

Die Seejungfer von Zug

Am 4. März des Jahres 1435 versank die Untergasse der Altstadt Zug in den Fluten des Sees. Über dieses Unglück geht die Sage von der Zuger Seejungfer.

Im blauen Zugersee hausten einst geheimnisvolle Seeleute. Der alte Wasserkönig führte auf dem Seegrund sein gestrenges Regiment. Dieser Seebeherrscher hatte eine liebliche Tochter. Unter den Bewohnern des Sees gefiel der Königstochter kein einziger Mann, dafür unterhielt sie ein inniges Liebesverhältnis mit dem stattlichen Sohne des Stadtschreibers von Zug. Der Nixenvater war über diese Liebe nicht sonderlich erbaut und verbot der Wasserjungfer, wieder mit dem Schreiberbuben zu plaudern. Da wurde die Nixe sehr traurig und brachte kein Sterbenswörtlein mehr über ihre Lippen, und wie es so geht, dem Wasservater behagte das griesgrämige, kummervolle Gesicht seiner Tochter nicht auf die Länge und er machte ihr einen Vorschlag: »Wenn der Zugerbub dir in mein Reich folgen will, dann soll er kommen, und du kannst mit ihm Hochzeit feiern.«

Wie im Blitz schwamm das Nixlein ans Ufer und lockte und girrte wie ein Täublein, bis der Stadtschreiberbub zu ihr kam. Dieser hatte auch schon tagelang voll heisser Sehnsucht auf seine liebe Seejungfrau gewartet. Der Heiratsplan des Wassermannes gefiel dem jungen Burschen auf den ersten Blick, und die Nixe bot ihm einen Zaubertrank an. Dieser Trank bewirkte, dass Erdenmenschen auch unter dem Wasser leben können. Ohne zauderndes Herzklopfen folgte der Zugerknab seiner Jungfer hinab ins kühle Wasserreich.

12

Wie im Blitz schwamm das Nixlein ans Ufer und girrte wie ein Täublein, bis der Stadtschreiberbub zu ihr kam.

Die Herrlichkeit im Zugersee dauerte aber nur kurze Zeit. Dem Erdensohn wurde die Gesellschaft im Wasserreich zu langweilig, und das Heimweh packte ihn nach seinen Eltern und Bekannten und dem lieblichen Städtchen am See. Vor Sehnsucht magerte er ab und sah trübselig aus. Als die Nixe den wahren Grund des sichtlichen Kummers erfahren hatte, vertauschte sie in einer stockdunklen Märzennacht alles Trinkwasser in den Küchen der untern Gasse mit ihrem Zaubertrank. Am folgenden Tag versank dann urplötzlich die ganze Strassenzeile im nassen Element. Kein Mensch musste aber durch Ertrinken sein Leben lassen, das Zauberwasser hatte die menschliche Natur befähigt, auch unter dem Wasser weiterzuleben.

So kam der heimwehkranke Sohn des Stadtschreibers wiederum zu seinen Eltern und lieben Nachbarn aus der niedern Gasse. Jetzt war die Freude überaus gross. Bei recht klarem Wasser können Sonntagskinder heute noch die versunkene Stadt recht gut sehen, und man höre auch die festliche Musik aus dem Wasserreich des Nixenkönigs.

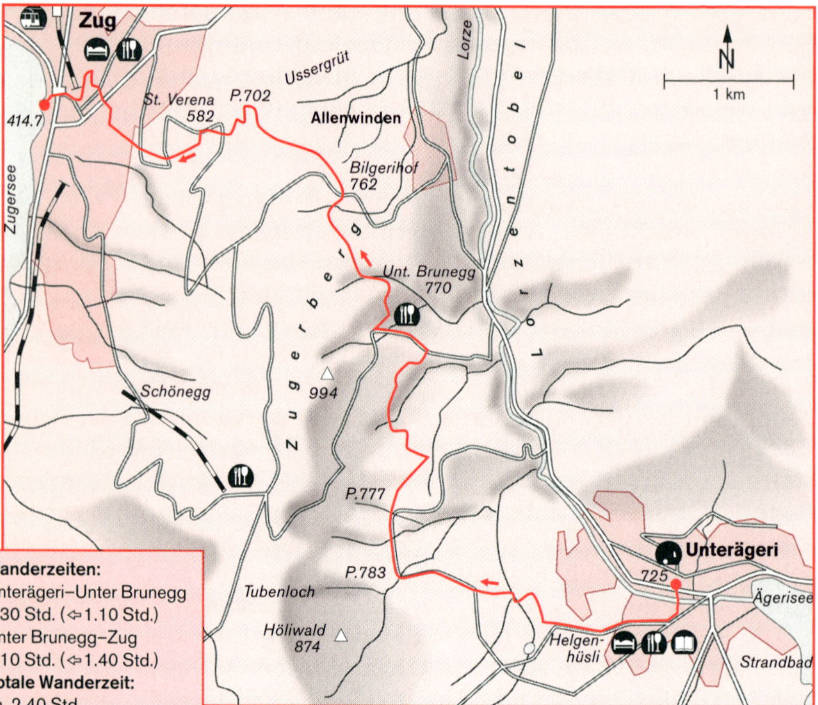

Wanderzeiten:
Unterägeri–Unter Brunegg
1.30 Std. (⇦1.10 Std.)
Unter Brunegg–Zug
1.10 Std. (⇦1.40 Std.)
Totale Wanderzeit:
ca. 2.40 Std.
Höhendifferenz:
Aufstieg ca. 150m
Abstieg ca. 450m

Wer sich auf einen beschaulichen Sagenspaziergang eingestellt hat, wird nicht enttäuscht sein. Den Beschaulichen sei allerdings geraten, in Unterägeri nicht allzu lange zu verweilen – Durchgangsverkehr und Bauboom verleihen dem Ruhekurort eine unerwartete Hektik.

Von der Busstation **Unterägeri** aus bis zum Schluss unserer Wanderung folgen wir dem Weghinweis »Zug«. Wir queren zuerst die Hauptstrasse, kurz darauf die Lorze und kommen ausgangs Dorf (Wegzeichen beachten!) beim Helgenhüsli, einer kleinen Wegkapelle, vorbei. Kurz darauf verlassen wir den Asphalt und gelangen auf abwechslungsreichen Wanderwegen zum **Rämselbrüggli** und weiter durch Feld und Wald zur **Unter Brunegg.**

Wenn wir unterwegs die Beschaulichkeit mit einem Blick für die Ökologie verbinden, bemerken wir die Vielfalt an Feldsträuchern, Einzelbäumen, gewundenen Wiesenbächlein, kleinen Sümpfen und Weihern, halbschattigen Waldecken, Wiesenborden und Waldrändern, überhaupt den Wechsel von Licht und Schatten oder von feucht und trocken. So viele unterschiedliche Lebensräume auf kleinem Raum bieten Gewähr für eine vielfältige Flora und eine reiche Tierwelt. Landschaftliche Vielfalt und Artenvielfalt hängen eben direkt miteinander zusammen. Wer seinen Blick mehr in die Ferne schweifen lässt, der entdeckt im Süden den Wildspitz, den wir auf der Rossberg-Wanderung besucht haben. Und gerade unterhalb des Gipfels liegt das Alpli, das eigentlich zu Ägeri gehören sollte. Lange ist's her, seit – wie die Sage erzählt – die Herren von Ägeri in dieser Sache den Weg nach Zug unter die Füsse nahmen, so wie wir heute. Vielleicht ist die Alpwirtschaft in der Unter Brunegg der Ort, diese Geschichte in Erinnerung zu rufen.

Vor alten Zeiten hatte die Gemeinde Ägeri bei der Stadtgemeinde Zug ein grösseres Geldanleihen gemacht. Die geborgte Summe sollte an einem genau bestimmten Tag zurückgegeben werden. Zur Sicherheit des Darlehens setzten die Leute von Ägeri ein Stück Land am Rossberg ein, das heutige Alpli. Die Verfallzeit war rasch herangekommen. Die Ägerer hatten das Geld beisammen und waren bereit, am bestimmten Tag den Stadtvätern von Zug das Darlehen zurückzugeben. Ein Ausschuss von Bürgern wurde bestimmt, das Geld in die Stadt zu tragen. Sie machten sich um Mittag auf den Weg, um vor der Abendstunde in der Stadt einzutreffen, denn beim Klang der Betglocke schloss Zug seine Tore.

Einige Herren aus der Stadt gingen zur gleichen Stunde auch auf den Weg nach Allenwinden. Im Wirtshaus zu Allenwinden trafen die Zuger mit dem Ausschuss von Ägeri zusammen, und man lud sich zu einem frischen Trunke ein. Die Stadtherren zeigten sich sehr freigebig und liessen

Verkehrsmittel:
→ Zug 425m
Eisenbahn (601, 653, 660, 711, 720)
Zugerbergbahn (2562)
Schiff (3660)
→ Unterägeri
Bus (660.35)
Schiff (3661)

Charakter:
Leichte Halbtageswanderung
Beste Jahreszeit:
September bis Juni
Karten:
235 Rotkreuz (1:50 000)
1131 Zug (1:25 000)
Wandern im Zugerland am Alpenrand (1:25 000)
Zuger Wanderkarte (1:25 000)

i

Zugerland Tourismus
Alpenstr. 16
6304 Zug
Tel. 041 711 00 78
Fax 041 710 79 20

Verkehrsbüro Unterägeri
Seminar Hotel
Seestr. 10
6314 Unterägeri
Tel. 041 750 19 19
Fax 041 750 38 94

Flasche um Flasche aufspazieren. Die Zeit ging wie im Hui vorbei, und schon brach der Abend heran. Erschrocken rief einer von Ägeri: »Wir müssen eilends aufbrechen, es will schon dunkel werden, und vor Betglockenzeit müssen wir ja dem Stadtrat das Geld aushändigen, sonst verlieren wir das Alpli an die Stadt.« – »Das hat noch Zeit genug«, meinte ein Stadtherr, allein die Ägerer trauten der Sache nicht mehr recht und begaben sich auf den Weg nach der Stadt. Bald sahen sie die Stadttürme und die Stadthäuser im goldenen Licht der Abendsonne aufleuchten. Noch ein paar Minuten, und das Geld hatte sein Ziel gefunden. Heimlich war aber einer der Zuger Herren auf einem kürzeren Seitenweg zum St.Michaelssigrist vorausgeeilt, der sollte sofort die Betglocke läuten.

Justament wollten die Ägerer durch das Tor treten, als vom St.Michaelsturm die Betglocke erklang. Die Boten eilten rasch ins Stadthaus und warfen das Geld auf den Tisch. Allein, man schob ihnen das Geld wieder zurück: »Es tut uns leid, ihr habt euch verspätet, Tag und Stund sind vorüber, die Betglocke hat ein End gesetzt. Euch bleibt das Geld, uns aber das schöne Alpli.«

Damit war die Sache abgetan. Voll innerer Wut zogen die Ägerer heim. Es wird weiter berichtet: Wer in gewissen Zeiten das Alpli betritt oder auf dem Weg von Unterägeri über den Zugerberg dahin wandelt, dem begegnen mitunter drei Männer in alter Amtstracht. Den Männern fehlen aber die Köpfe. Die drei schreiten nebeneinander, und wenn sie eine Strecke Weges gegangen sind, verschwinden sie urplötzlich unter schaurigem Wimmern in einem jähen Absturz. Der Wanderer sieht diese Begegnung nicht gerne; denn wer die Gestalten erblickt, ist sicher, selbst am lichthellen Tag von dem ihm wohlbekannten Weg abzuirren. (Aus der Sammlung: Zuger Sagen und Legenden; leicht gekürzt).

Ein Blick auf die entsprechende Landeskarte zeigt, dass das Alpli auch heute noch zur Gemeinde Zug gehört. Wir, die wir noch über den weiten Rücken des Zugerberges dahinwandeln wollen, lassen vielleicht besser nicht allzu viele Flaschen aufspazieren und setzen unsere Wanderung fort über die Weiden der **Ober Brunegg.** Natürlich halten wir gelegentlich Ausschau nach drei untersetzten Amtsherren. Bald stossen wir auf einen Betonweg, dem wir in Fallrichtung folgen. Über den **Urihof** und den **Bilgerihof** gelangen wir nach **Steren** und den steilen Waldweg hinunter zur **St.Verena-Kapelle.**

Bis ins 16. Jahrhundert hinein stand hier lediglich ein kleines Bethäuschen, das von einem in der Nähe hausenden Waldbruder betreut wurde. Der heutige Bau wurde zwischen 1705 und 1710 errichtet. Die Pläne dazu lieferte der Klosterbruder Kaspar Moosbrugger, jener Architekt, der auch die Einsiedler Barockkirche entworfen hat. Das Hauptbild des mittleren Altars zeigt die heilige Verena, wie sie auf einer Wolke ins Himmelreich aufgenommen wird. In ihrer Hand trägt sie einen Wasserkrug und einen Kamm. Diese Insignien erinnern an

Übernachtungsmöglichkeiten:
Unterägeri; Oberägeri; Zug.
Gaststätten:
Unterägeri; Brunegg; Blasenberg; Zug.

Besonderheiten:
Panoramaweg rund ums Ägerital; Ratenpfad (Beginn und Ende beim Raten, 5.1 km lang); Industriepfad Lorze (Beginn in Unterägeri, 30 km lang); Flechtenpfad Zugerberg (detaillierte Informationen zu allen Pfaden im Verkehrsbüro)
Baar:
Höllgrotten: Tropfsteinhöhlen (1. April bis 31. Oktober, 9.00–12.00 und 13.00–17.30 Uhr) Tel. 041 761 83 70 oder Tel. 041 761 15 68
Zug:
Altstadt; Zytturm; verschiedene Museen.

Der Weiler Ussergrüt mit dem bewaldeten Hügel, der Baarburg, im Hintergrund.

ihre lebenslange, gütige Wohltätigkeit zugunsten der Armen und Aussätzigen. Der Legende nach soll sie ursprünglich aus Ägypten stammen. Ihren Wirkkreis hatte sie aber vor allem in Solothurn, wo die Verenaschlucht bis heute ihren Namen trägt, und in Zurzach, wo sie in der Stiftskirche begraben liegt.

Der Abschluss unserer Wanderung führt uns kurz dem »Stationsweg« entlang. Der Weg wendet sich alsbald rechts hinunter durch ein Wäldchen zu den ersten Häusern von **Zug.** Dem Ägerisaumweg und dem Rosenbergweg entlang abwärts überqueren wir nach einer Viertelstunde die Hauptstrasse. Nach wenigen Minuten verlassen wir den Wanderweg nach links und gelangen über einen guten Fussweg durchs Grüne direkt hinunter zur Altstadt und zum Landsgemeindeplatz am See. Was die Zuger Altstadt sowie die Gestade am See betrifft, kommen die Beschaulichen voll auf ihre Kosten. Beim Fischereimuseum erinnert eine Gedenktafel an das Unglück von 1435. Hier befand sich seeseitig die niedere Gasse, deren Untergang – wie die Geologen sagen – auf eine rutschige und geneigte Mergelschicht im Untergrund zurückzuführen ist, oder – wie die Volkserzählung behauptet – auf eine romantische Liebesgeschichte.

NIXEN, NYMPHEN UND DIE GROSSE SEHNSUCHT – ZUR SAGE VON DER ZUGER SEEJUNGFER

Der Untergang der Niederen oder Unter Gasse im Jahr 1435 war ein überaus tragisches Naturereignis. 60 Menschen und 26 Häuser sind in einer Nacht in den See abgerutscht und die Menschen ertrunken. Die Sage nimmt dieses historische Ereignis zum Thema. Aber – und das mag die Besonderheit dieser Erzählung ausmachen – so tragisch dieses Unglück war, so positiv wird es in der Volkserzählung wiedergegeben. Die traurige Geschichte wird umbewertet und in einen grossen Kreislauf von Werden und Vergehen gestellt.

Mit der Sage von der Zuger Seejungfrau be-

Die junge Wandergeneration unterwegs im Zigermoos bei Unterägeri.

gegnen wir zum Schluss unserer zwölf Ausflüge nochmals jenen zwei Welten, die die Sagenwelt so sehr bestimmen: der diesseitigen Welt der Menschen und der jenseitigen Welt der elementaren Wesen. Dass die Seen, Flüsse und Meere mit wunderlichen Wesen bevölkert sind, gilt für die Sagen- und Märchenerzähler als Realität. »Weit draussen im Meer ist das Wasser so blau wie die Blätter der schönsten Kornblume, so klar wie Bergkristall, aber auch so tief, dass kein Ankertau dorthin reicht. Viele Kirchtürme müssten übereinandergestellt werden, wenn sie vom Meeresgrund bis zu den Wellen hinaufragen sollten. Da unten wohnt das Meervolk.« So beginnt Andersens Märchen von der kleinen Seejungfrau. Die Wasserwesen bewohnen jene andere Welt, in die wir Menschen nur schwer abtauchen können. Es bedarf dabei einer höheren Kraft – der Liebe beispielsweise.

Die Liebe zwischen Bewohnern der diesseitigen und der jenseitigen Welt ist ein beliebtes Sagenmotiv. Dem Gegensatzpaar »Wasser – Land« werden die Attribute weiblich und männlich zugeordnet. Das Wasser als das »Weiche«, »Bewegte« und »Tiefgründige« repräsentiert das Weibliche, das Land hingegen als das »Geformte«, »Feste« und »Kraftvolle« gilt als das Männliche. Es erstaunt deshalb nicht, dass den Wasserfluten normalerweise weibliche Wesen entsteigen, die ihre Verführungskünste mit Hilfe von wohlklingendem Gesang und langem, umschlingendem Haar ausspielen. Sagen und Märchen bezeichnen diese Wesen oft als Nymphen oder Nixen. Mit »Nihhus« bezeichneten die Kelten die Flussbewohner und meinten damit nicht nur die Fische, sondern auch alle möglichen Was-

Die St.Verena-Kapelle oberhalb Zug, erbaut nach den Plänen jenes Architekten, der auch die Klosterkirche von Einsiedeln entworfen hat.

sergeister. Davon abgeleitet ist die Nixe, die gleichzeitig die kühle und gläserne Reinheit des Wassers (nicht unbedingt mehr des Zugersees) verkörpert. Die Bezeichnung »Seejungfrau« deutet diese Reinheit ebenfalls an.

Mit ihren Verführungskünsten verfolgen die Wasserwesen nicht zwangsläufig dunkle Absichten. Sie suchen die Verbindung zum Diesseitigen und zum männlichen Gegenpol, weil dies der kosmischen Ganzheit entspricht. Ausserdem fehlt ihnen eine Seele. In manchen Sagen streben sie gerade deshalb die Vereinigung mit den Menschen an, weil sie dadurch auch für sich eine Seele zu gewinnen hoffen. Beispiele dazu finden sich von der altindischen Mythologie bis in unsere Sagenwelt. Die Menschen, die den Wasserwesen lauschen, werden alsbald von unbändiger Sehnsucht ergriffen. Sie wünschen sich nichts mehr, als für immer in deren stille, milde »Anderswelt« abzutauchen. Heiter und ruhig begeben sie sich dorthin, und die Seejungfrau hilft mit einem kleinen Zaubertrick etwas nach. Das Motiv dieses Abtauchens mag gleichsam den Wunsch des Menschen nach Rückkehr in den Schoss der Natur widerspiegeln. Dieses magische, ganzheitliche Empfinden kennt keinen Tod. Für den Sohn des Stadtschreibers ist es völlig natürlich, seiner Geliebten in ein anderes Element zu folgen. Allerdings, und da macht die Zuger Sage

keine Ausnahme, hat die Verbindung zwischen Nixe und Mensch selten lange Bestand. Zu ungleich sind die Voraussetzungen, denn diese gläserne und kühle »Anderswelt« ist zwar wohlwollend, aber auch seelenlos und für die Menschen ohne Entwicklungsmöglichkeiten. Auch unser Nixchen scheint dieses Defizit zu erkennen und lässt deshalb in einer schlau inszenierten Aktion kurzerhand die Niedere Gasse in die »Anderswelt« abtauchen.

Natürlich ist Wasser ein ambivalentes Element. Einerseits gilt es als Symbol des Lebens, als »Lebensquell«, andererseits sorgen Überschwemmungen und Ertrinken für Not und Tod. Die Redensart »sich über Wasser halten« bringt das Bedrohliche

Am Seeufer von Zug. Sonntagskinder können noch heute von hier aus die versunkene Stadt sehen.

dieses Elements allgemein zum Ausdruck. Das Motiv der Liebe zwischen Nixe und Mensch birgt zweifellos auch die Idee, das Endgültige eines Todes durch Ertrinken zu relativieren. Bevor jemand ertrunken sei, so wird erzählt, habe er die Nixen auf dem Wasser tanzen sehen. Im Märchen von der kleinen Seejungfrau heisst es dazu: »Manchmal am Abend nahmen die fünf Seejungfrauen einander an den Armen und tauchten in einer Reihe über das Wasser auf. Herrliche Stimmen hatten sie, schöner als irgendein Menschenkind, und wenn der Sturm sich erhob und den Schiffen den Untergang drohte, dann schwammen die Seejungfrauen vor den Schiffern her und sangen so lieblich von all dem Schönen auf dem Grund des Sees und baten die Seeleute, sie mögen sich nicht fürchten, da hinunter zu kommen. Aber die Schiffer konnten ihre Worte nicht verstehen, und sie glaubten, es sei der Sturm.« – In dieser Vorstellung wird dem Wassertod der Stachel genommen. Er wird nur als Übergang in eine andere Welt betrachtet. So leben auch die Menschen der Niederen Gasse friedlich und fröhlich weiter – sozusagen auf der andern Seite des kosmischen Kreislaufes.

Ein trauriges Ereignis wird in den grossen Bogen von Werden und Vergehen gestellt. Den Sonntagskindern mag es besonders vergönnt sein, diesen grossen Kreislauf zu erkennen.

So wird in der Zuger Sage – wie auch in den andern Erzählungen dieses Bandes – das Leben immer wieder als eine umfassende Einheit dargestellt. Und immer gehört beides dazu: Die Berge und die Seen, das Oben und das Unten, das Gegenwärtige und das Vergangene oder das Erzählte und das Unsagbare.

Die Zuger haben ihre Gassen erneuert: regensicher und mit lockenden Nixlein in modernem Outfit.

ORTSREGISTER

FOTONACHWEIS

DANIÈLE VIVIANE: 8, 80/81, 86, 102o, 104, 118u, 120u, 124, 128u, 130u, 134o, 136/137, 138/139, 140, 142, 152, 170u, 172u, 174/175, 182u, 190/191, 200.
PHILIPP BACHMANN: 92, 98/99, 100, 130o, 132
THOMAS BACHMANN: 12/13, 14, 16, 20, 22, 24o, 24u, 26o, 26u, 66o, 72/73, 82, 84o, 84u, 88o, 90/91, 94, 102u, 114, 118o, 120o, 128o, 134u, 146, 148, 150, 154o, 154u, 156/157, 160, 172o, 192, 196, 198, 202/203, 204/205
UELI WITTWER: alle andern Fotos

LITERATURHINWEISE

AMACHER G.: Das Hölloch im Muotatal. Fischer. Münsingen, 1996. Muotatal (Wanderung 9)

BETTELHEIM B.: Kinder brauchen Märchen. Deutscher Taschenbuch Verlag. Stuttgart. 1977.

BIEDERMANN H.: Knaurs Lexikon der Symbole. Droemer Knaur. München, 1994.

BURCKHARDT T.: Alchemie. Sinn und Weltbild. Dingfelder. Andechs, 1992. Sörenberg (Wanderung 3)

Dämonengeschichten aus den Alpen. Hrsg. von F. Hetmann. Fischer. Frankfurt a.M., 1977. Oberrickenbach (Wanderung 5)

DER BUND vom 5.5.1997: Bödmeren, das Urwaldreservat vom Muotatal. Muotatal (Wanderung 9)

HESS J.: Die singende Quelle. Sagen aus den Schwyzerbergen. Verein »Gute Schriften«. Zürich, o.J. Muotatal (Wanderung 9)

INEICHEN S.: Die verzauberten Schweine. Sagenhafte Geschichten aus der Mitte des Landes. Waldgut. Frauenfeld, 1990.

ISLER G.: Die Sennenpuppe. Eine Untersuchung über die religiöse Funktion einiger Alpensagen. Schriften der Schweizerischen Gesellschaft für Volkskunde, Bd. 52. Krebs. Basel, 1971. Schächental (Wanderung 8)

JAFFE A.: C.G. Jung, Bild und Wort. Eine Biographie. Walter-Verlag. Olten und Freiburg i.Br., 1983.

Meienberg im Freiamt und seine Eligius-Kapelle. Hrsg. vom Pfarramt Sins und Gerechtigkeitsverein Meienberg. o.J. Schötz (Wanderung 2)

MELCHERS E. und H.: Das grosse Buch der Heiligen. Geschichte und Legende im Jahreslauf. Südwest Verlag. München, 1978.

MEYER C.: Schötzer Dorfgeschichte. Schötz, 1972. Schötz (Wanderung 2)

Naturkundlicher Höhenweg Surenen. Hrsg.: Arbeitsgruppe Naturkundliche Höhenwege Uri, Urner Wanderwege. Altdorf, 1997. Surenen (Wanderung 6)

POGACNIK M.: Elementarwesen. Die Gefühlsebene der Erde. Droemersche Verlagsanstalt. München, 1995.

RENNER E. Goldener Ring über Uri. Ein Buch vom Erleben und Denken unserer Bergler, von Magie und Geistern und von den ersten und letzten Dingen. Ammann, 3. Auflage. Zürich, 1991. Seewlisee (Wanderung 7)

RESCH-RAUTER I.: Unser keltisches Erbe. Flurnamen, Sagen, Märchen und Brauchtum als Brücke in die Vergangenheit. Eigenverlag, Téletool Edition. Wien, 1992.

Sagen und Gebräuche aus Unterwalden. F. Niederberger (Hrsg.). Olms-Verlag. Zürich, 1978. Giswil (Wanderung 4)

Schwyzer Sagen. Gesammelt und aufgeschrieben von Hans Steinegger. 4 Bde. Riedter-Verlag. Schwyz, 1979 (Bd. 3: Goldau u.a.) Goldau (Wanderung 11)

Urner Sagen. Nach Josef Müller, bearbeitet und in Mundart übersetzt von W.S. Arnold. Quadrat-Verlag. Altdorf, 1994. Surenen (Wanderung 6), Seewlisee, (Wanderung 7), Schächental (Wanderung 8)

Von Geisterspuk und Hexentreiben. Ein Streifzug durch die Luzerner Sagenwelt, erzählt von Michael Riedler. Kompass-Verlag. Luzern, 1988. Escholzmatt (Wanderung 1), Schötz (Wanderung 2), Sörenberg (Wanderung 3)

ZEHNDER J.N.: Der Goldauer Bergsturz. Seine Zeit und sein Niederschlag. Stiftung Bergsturzmuseum Goldau. Goldau, 1988. Goldau (Wanderung 11)

Zuger Sagen und Legenden. Gesammelt und nacherzählt von Hans Koch, mit Radierungen von Godi Hofmann. Verlag H.R. Balmer. Zug, 1974. Zug (Wanderung 12)

WEITERE WANDERFÜHRER IN DER REIHE »NATURPUNKT«

Dominik Siegrist
PÄSSESPAZIERGANG
Wandern auf alten Wegen
zwischen Uri und Piemont.
Mit Fotos von Marcus Gyger und zahlreichen Karten, durchgehend vierfarbig, 220 Seiten, broschiert, Fr./DM 42.–, ÖS 311.–,
ISBN 3-85869-200-x

Peter Krebs, Dominik Siegrist
KLIMASPUREN
20 Wanderungen zum Treibhaus Schweiz
Mit Fotos von Marco Volken und zahlreichen Karten, durchgehend vierfarbig, 256 Seiten, broschiert, Fr./DM 42.–, ÖS 311.–,
ISBN 3-85869-201-8